Leyendas mexícanas

Río Grande

Baja California

Golfo de California

Sierra Madre Occidental

Sierra Madre Oriental

GOLFO de MÉXICO

Uxmal

Guanajuato

Guadalajara

Teotihuacán

Veracruz

México D.F.

Ixtaccíhuatl

Popocatépetl

Puebla

OCÉANO PACÍFICO

Acapulco

Leyendas mexícanas

Genevieve Barlow

William N. Stivers

National Textbook Company
a division of *NTC Publishing Group* • Lincolnwood, Illinois USA

Illustrated by Phero Thomas and Juliá Scharf

The publisher wishes to thank Judy Veramendi
for her contributions to this edition.

Published by National Textbook Company, a division of NTC Publishing Group,
© 1996 NTC Publishing Group, 4255 West Touhy Avenue,
Lincolnwood (Chicago), Illinois 60646-1975 U.S.A.
Manufactured in the United States of America.

6 7 8 9 ML 0 9 8 7 6 5 4 3 2

Contenido

Preface

This new and expanded second edition of *Leyendas mexicanas* is a collection of tales designed for readers who are beginning to speak, write, read, and understand Spanish and who want to become more familiar with Mexican culture.

We have arranged the eighteen legends, which cover a period of approximately 1,500 years, in chronological order. The principal characters of these tales are drawn from fact and fiction, and include animals, gods and goddesses, ancient rulers, Spanish explorers, as well as the men, women, and children who left their mark on their country. You will discover how each character solves a problem or resolves some difficulty in his or her own special way. The settings of the stories are as varied as the characters, and include many of Mexico's regions—the mountains, the plains, the tropics, the sea-coast, the countryside, and the cities.

As you read the legends, you will not only enjoy delightful stories, you will also develop your Spanish-language skills, and learn something about the history, geography, culture, customs, and values of the Mexican people. Even though the stories have been written entirely in Spanish, the language is controlled and accessible. The more difficult words and expressions have been glossed and defined in English at the foot of the page. At the end of the book there is a bilingual Spanish-English Vocabulary List to help you, too. Questions and activities at the end of each story will evaluate your reading comprehension and develop your grammar and vocabulary skills.

We hope you will enjoy this journey through Mexico's fascinating past!

El sol y la luna

En casi todas las culturas hay leyendas que explican el origen de estos dos cuerpos celestiales. Esta leyenda explica también por qué en México se pueden ver[1] las huellas[2] de un animalito en la luna. Otras leyendas nos dicen que en el Perú un zorro[3] está en la luna, mientras en España, en Vietnam y en los Estados Unidos hay un hombre. ¡Qué curioso que los astronautas no los vieron!

Antes de que hubiera[4] luz en el mundo, los dioses de Teotihuacán[5] hablaron entre sí[6] para decidir quiénes iban a dar luz al mundo. Todos los dioses estaban en un salón grande de uno de los muchos templos. Preguntaron:

—¿Quiénes de nosotros van a dar luz al mundo?

Todos sabían que dar luz al mundo no era una tarea[7] fácil. Iba a costar la vida de los que decidieran hacerlo, pues tenían que echarse[8] en una gran hoguera.[9]

Nadie contestó al principio. Luego uno de los más jóvenes de los dioses, Tecuciztécatl, habló y dijo en voz alta:

—Yo estoy dispuesto[10] a echarme al fuego.

Todos a una voz dijeron: —¡El dios Tecuciztécatl es un gran dios! Todos te felicitamos.[11]

---

[1]**se pueden ver** one can see   [2]**huellas** tracks   [3]**zorro** fox   [4]**hubiera** there was
[5]**Teotihuacán** city of the gods near Mexico City
[6]**hablaron entre sí** talked among themselves   [7]**tarea** task
[8]**echarse** to throw themselves   [9]**hoguera** bonfire   [10]**dispuesto** willing
[11]**felicitamos** we congratulate

Pero necesitaban dos dioses y no había otro dios lo suficientemente valiente para acompañar a Tecuciztécatl. Él se burló de[1] los otros diciendo:

—¿Dónde hay un dios tan valiente como[2] yo en toda la región? ¿Nadie se atreve a[3] ofrecer su vida para dar luz al mundo?

Nadie contestó. Todos guardaron silencio por unos minutos y luego comenzaron a discutir entre sí. Durante la discusión el ruido era tan grande y el movimiento tanto que no se dieron cuenta de[4] que un dios viejito se levantó lentamente y se puso[5] delante de todos ellos.

El viejito era pobre y humilde. Su ropa no era elegante. Los otros quisieron saber por qué él se había levantado.

—¿Qué quiere él?— dijeron algunos.

—¿Quién cree él que es?— dijeron otros.

—No tenemos tiempo para los viejitos ahora— dijeron los más jóvenes.[6]

—Él no es lo suficientemente valiente— gritaron unos de los dioses.

—¿Cómo puede querer un viejito dar su vida?— dijeron los principales de entre los dioses.

Pero el viejito, levantando la mano, pidiendo[7] silencio, dijo:

—Yo soy Nanoatzín, viejo sí, pero dispuesto a dar mi vida. El mundo necesita luz. Como no hay otros voluntarios, quiero ofrecer lo que queda[8] de mi vida para dar luz al mundo.

Después de un momento de silencio, —Grande es Nanoatzín— gritaron todos. Si las felicitaciones dadas a Tecuciztécatl fueron muchas, las dadas[9] a Nanoatzín fueron mayores.

---

[1] **se burló de** made fun of   [2] **tan ... como** as ... as   [3] **se atreva a** dares to
[4] **se dieron cuenta de** they realized   [5] **se puso** placed himself
[6] **los más jóvenes** the youngest   [7] **pidiendo** asking for
[8] **lo que queda** what remains   [9] **dadas** those given

Luego todos se pusieron a[1] hacer la ropa necesaria para la ceremonia. Era muy bonita, de algodón[2] muy fino, con oro, plata y plumas de aves[3] de todos colores.

Durante toda una semana nadie comió. Todos estaban en estado de meditación porque dar luz al mundo era muy importante.

Cuando llegó el día, encendieron[4] una gran hoguera en el centro del salón. La luz iluminó todo.

Tecuciztécatl fue el primero que se acercó al fuego, pero el calor era tanto que él se retiró. Cuatro veces trató de entrar, pero él no se atrevía.

Luego Nanoatzín, el viejito, se levantó y caminó hacia la hoguera. Él entró en el fuego y se acostó tranquilamente.

—¡Ay!— dijeron todos con mucha reverencia. Y en voz baja[5] todos repitieron: —¡Grande es Nanoatzín!

Después le tocó[6] a Tecuciztécatl. Él tenía vergüenza.[7] El viejito no tenía miedo y él sí. Así que él se echó al fuego también.

Todos los dioses esperaron y, cuando ya no había fuego, todos se levantaron y salieron del salón para esperar las luces.

No sabían de qué dirección ni cómo iba a llegar la luz. De repente,[8] un rayo de sol apareció en el este;[9] luego, el sol entero. Era muy brillante y todos sabían que era Nanoatzín porque él entró en el fuego primero.

Después de algún tiempo, salió también otra luz. Era la luna, y era tan brillante como el sol.

Uno de los dioses luego dijo:

—No debemos[10] tener dos luces iguales. Nanoatzín entró primero. Él debe tener la luz más fuerte. Debemos oscurecer[11] un poco la segunda luz.

---

[1]**se pusieron a** began   [2]**algodón** cotton   [3]**plumas de aves** bird feathers
[4]**encendieron** they lit   [5]**voz baja** whisper   [6]**le tocó** it was ... turn
[7]**tenía vergüenza** he was ashamed   [8]**de repente** suddenly   [9]**este** east
[10]**debemos** we ought   [11]**oscurecer** to darken

Y otro de los dioses agarró[1] un conejo[2] y lo arrojó[3] al cielo, pegándole[4] a la luna.

Hasta el día de hoy, el sol es más brillante que la luna; y si uno se fija[5] bien en la luna, puede ver las huellas del conejo.

EJERCICIOS

A. Termine las frases con las palabras apropiadas.
  1. Los dioses hablaban entre sí para decidir
      (a) qué iban a comer.
      (b) quiénes iban a dar luz al mundo.
      (c) quién tenía las orejas más grandes.

  2. Dar luz al mundo
      (a) era cosa fácil.
      (b) era una cosa astuta.
      (c) no era una tarea fácil.

  3. Uno de los dioses jóvenes
      (a) estaba dispuesto a dar luz al mundo.
      (b) no quería cooperar.
      (c) hablaba con un conejo.

  4. Para dar luz al mundo, uno tenía que
      (a) entrar en el templo.
      (b) abrir la boca.
      (c) echarse al fuego.

  5. Se necesitaban
      (a) dos dioses.
      (b) un fósforo.
      (c) dos jóvenes.

---

[1]**agarró** grabbed   [2]**conejo** rabbit   [3]**arrojó** throw   [4]**pegando** hitting
[5]**se fija** pays attention

6. El viejito era
   (a) pobre y humilde.
   (b) rico y orgulloso.
   (c) alto y grande.

7. El viejito quería
   (a) comer.
   (b) dormir.
   (c) dar su vida para dar luz al mundo.

8. La ropa para la ceremonia era
   (a) de seda de China.
   (b) de algodón fino.
   (c) de nilón común.

9. El viejito entró en el fuego
   (a) primero.
   (b) segundo.
   (c) con mucho miedo.

10. El dios joven
    (a) tenía frío.
    (b) tenía calor.
    (c) tenía vergüenza.

B. Conteste con frases completas.
   1. ¿Cómo se llamaba la ciudad de los dioses?
   2. ¿Qué sabían todos los dioses?
   3. ¿Qué iba a costar para dar luz al mundo?
   4. ¿Quién iba a ofrecer su vida?
   5. ¿Cuántos dioses se necesitaban para dar luz al mundo?
   6. ¿Cómo era la ropa del dios viejito?
   7. Durante toda una semana, ¿qué comieron los dioses?
   8. ¿Qué encendieron en el gran salón?
   9. ¿Quién entró primero en la hoguera?
   10. ¿Cómo era la luna?

C. **Busque en este cuadro cinco palabras importantes de la leyenda. Están escritas de izquierda a derecha, de derecha a izquierda, de arriba abajo y de abajo arriba en línea recta.**

```
E   S   O   L   A
J   O   V   E   N
F   I   R   O   U
A   D   T   B   L
O   G   E   U   F
```

D. **Complete estas frases.**
1. Todos los dioses estaban en un salón _____.
2. El joven estaba dispuesto a echarse a la _____.
3. Todos guardaron _____.
4. La ropa para la ceremonia era muy _____.
5. La luz iluminó _____.
6. Un rayo de sol apareció en el _____.
7. Y luego el sol _____ apareció.
8. Después de algún tiempo, salió la _____.
9. Un dios dijo que el viejo debía tener la luz más _____.
10. Otro dios agarró un conejo y lo arrojó al _____.

joven sol luna fuego dios

Las orejas del conejo

Los cuentos del conejo son populares no sólo en Estados Unidos sino[1] también en otras partes del Nuevo Mundo. Este animalito es un personaje[2] astuto,[3] travieso[4] y alegre. Le gusta burlarse de[5] los otros animales, grandes y pequeños, especialmente del coyote de México. Aunque es un pícaro,[6] el conejo es generalmente el héroe de todos los cuentos. Esta leyenda es de origen maya.

Una vez, hace miles de años, el conejo tenía las orejas muy pequeñas, tan pequeñas como[7] las orejas de un gatito. El conejo estaba contento con sus orejas, pero no con el tamaño[8] de su cuerpo. Él quería ser grande, tan grande como el lobo o el coyote o el león.

Un día cuando iba saltando[9] por los campos, el conejo vio al león, rey[10] de los animales, cerca del bosque.

—¡Qué grande y hermoso es!— dijo el conejo. —Y yo soy tan pequeño y feo.

El conejo estaba tan triste que se sentó debajo de un árbol y comenzó a llorar amargamente.[11]

—¿Qué tienes, conejito? ¿Por qué lloras?— preguntó la lechuza[12] que vivía en el árbol.

—Lloro porque quiero ser grande, muy grande— dijo el conejito.

---

[1]**sino** but [2]**personaje** character [3]**astuto** astute, clever [4]**travieso** mischievous
[5]**burlarse de** to make fun of, trick [6]**pícaro** rascal [7]**tan ... como** as ... as
[8]**tamaño** size [9]**saltando** hopping [10]**rey** king [11]**amargamente** bitterly
[12]**lechuza** owl

La lechuza era un ave sabia. Cerró los ojos por dos o tres minutos para pensar en el problema y luego dijo:

—Conejito, debes visitar al dios de los animales. Creo que él puede hacerte más grande.

—Mil gracias, lechuza sabia. Voy a visitarlo ahora— respondió el conejo. Y fue saltando hacia la colina[1] donde vivía el dios.

—Buenos días. ¿Cómo estás?— dijo el dios de los animales cuando vio al conejito.

—Buenos días, señor. Estoy triste porque soy tan pequeño. Su majestad, ¿podría[2] hacerme grande, muy grande?

—¿Por qué quieres ser grande?— preguntó el dios con una sonrisa.[3]

—Si soy grande, algún día yo, en vez del[4] león, puedo ser rey de los animales.

—Muy bien, pero primero tienes que hacer tres cosas difíciles. Entonces voy a decidir si debo hacerte más grande o no.

—¿Qué tengo que hacer?

—Mañana tienes que traerme la piel[5] de un cocodrilo, de un mono y de una culebra.

—Muy bien, señor. Hasta mañana.

El conejo estaba alegre. Fue saltando, saltando hacia el río. Aquí vio a su amigo, el pequeño cocodrilo.

—Amigo cocodrilo, ¿podrías prestarme tu piel elegante hasta mañana? La necesito para . . .

—Para una fiesta, ¿no?— dijo el cocodrilo antes de que el conejo pudiera[6] decir la verdad.

—Sí, sí— respondió rápidamente el conejo.

—¡Ay, qué gran honor para mí! Aquí la tienes.

Con la piel del cocodrilo, el conejo visitó al mono y a la culebra. Cada amigo le dio al conejo su piel para la fiesta.

---

[1]**colina** hill [2]**podría** could [3]**sonrisa** smile [4]**en vez de** instead of [5]**piel** skin
[6]**pudiera** was able

Muy temprano a la mañana siguiente, el conejo fue despacio, muy despacio,[1] con las pieles pesadas[2] ante el dios de los animales.

—Aquí estoy con las pieles— gritó felizmente[3] el pequeño conejo.

El dios estaba sorprendido. Pensó: «¡Qué astuto es este conejito!» Pero en voz alta dijo:

—Si te hago más grande, puede ser que hagas daño[4] a los otros animales sin quererlo. Por eso voy a hacer grandes solamente tus orejas. Así puedes oír mejor y eso es muy útil[5] cuando tus enemigos estén[6] cerca.

El dios tocó las pequeñas orejas del conejo y, como por arte de magia,[7] se le hicieron[8] más grandes. El conejo no tuvo tiempo de decir nada, ni una palabra.

—Mil gracias, buen dios. Usted es sabio y amable. Ahora estoy muy feliz— dijo el conejo. Y fue saltando, saltando por los campos con las pieles que devolvió a sus amigos con gratitud.

Al día siguiente[9] vio al león que estaba visitando a la lechuza.

La lechuza le dijo al conejo:

—Buenos días, amigo mío. Eres muy hermoso. Y para ti es mejor tener las orejas grandes que el cuerpo grande.

Con mucha dignidad, el león dijo:

—La lechuza tiene razón.

Y desde aquel día el conejo vivió muy contento con su cuerpo pequeño y sus orejas grandes.

---

[1]**despacio** slowly   [2]**pesadas** heavy   [3]**felizmente** happily
[4]**que hagas daño** that you might hurt   [5]**útil** useful   [6]**estén** are   [7]**magia** magic
[8]**se hicieron** they became   [9]**siguiente** following

EJERCICIOS

A. Termine las frases con las palabras apropiadas.
  1. Los cuentos de conejos
      (a) existen sólo en América.
      (b) no están escritos en español.
      (c) son populares en diferentes partes del mundo.

  2. El conejo ahora tiene las orejas
      (a) al revés.
      (b) muy grandes.
      (c) muy pequeñas.

  3. El conejo buscó la ayuda
      (a) de una lechuza.
      (b) de su abuelo.
      (c) de un árbol.

  4. La lechuza es
      (a) una lechuga.
      (b) leche.
      (c) un ave.

  5. El conejo quería ser
      (a) grande.
      (b) sabio.
      (c) mexicano.

  6. El cocodrilo, el mono y la culebra le prestaron al conejo
      (a) su comida.
      (b) su cola.
      (c) su piel.

  7. Con las orejas más grandes, el conejo podía
      (a) ver mejor.
      (b) oír mejor.
      (c) correr mejor.

  8. El dios de los animales le dio al conejo
      (a) tres orejas.
      (b) ojos grandes.
      (c) orejas grandes.

9. El conejo es
   (a) astuto.
   (b) tonto.
   (c) perezoso.

10. Con sus orejas grandes, el conejo vivió
    (a) triste.
    (b) muy contento.
    (c) mal.

B. Conteste con frases completas.
   1. ¿Dónde tiene su origen esta leyenda?
   2. ¿Cómo tenía las orejas antes el conejo?
   3. ¿Quién era el rey de los animales?
   4. ¿Por qué lloró el conejo?
   5. ¿Quién era el ave sabia?
   6. ¿Quiénes le dieron al conejo sus pieles?
   7. ¿Qué hizo el dios de los animales?
   8. ¿Cómo hizo más grandes el dios de los animales las orejas del conejo?
   9. ¿Por qué fue saltando el conejo por los campos?
   10. ¿Qué puede hacer mejor el conejo con sus orejas grandes?

C. En cada línea hay una palabra que no tiene ninguna relación con las otras. ¿Cuál es? Ejemplo: padre, madre, hermano, <u>hermoso</u>, tío.
   1. coyote, lobo, lechuza, burro, león
   2. ojo, otro, oreja, mano, pie
   3. rey, niño, héroe, profesor, poco
   4. cuando, colina, campo, árbol, bosque
   5. mañana, tarde, día, piel, noche
   6. mil, millas, cuatro, primero, dieciséis

D. Escriba una de estas palabras en el espacio en blanco: a, al, con, de, del, en, por.

1. Debajo _____ un árbol
2. Los cuentos _____ conejo
3. _____ favor, hágame grande.
4. Iba saltando _____ los campos.
5. Voy _____ visitarlo.
6. _____ arte _____ magia.
7. _____ aquel día _____ adelante
8. El conejo vio _____ león.
9. _____ voz alta
10. Aquí estoy _____ las pieles.
11. Debes visitar _____ dios.
12. Comenzó _____ llorar.

E. Busque en este cuadro los nombres de cinco animales. Están escritos de izquierda a derecha, de derecha a izquierda, de arriba abajo y de abajo arriba en línea recta.

```
A  T  L  C  B  R  O
Z  D  E  F  U  T  N
U  C  O  N  E  J  O
A  J  N  S  V  O  M
V  O  T  A  G  S  Y
E  P  E  R  R  O  T
```

león conejo perro gato ave

El león y el grillo[1]

Una de las civilizaciones más avanzadas de los indios de América fue la de los mayas. Existió entre los años 300 a. de J. C.[2] y 1500 d. de J. C.[3] Los descendientes de estos indios continúan viviendo en Yucatán, México, en Guatemala, en El Salvador y en Honduras.

Esta leyenda ha sido recontada[4] desde el tiempo de los mayas a los mexicanos de hoy. El tema[5] es conocido por todo el mundo, especialmente en los países de habla española.

Una vez, hace miles de años, solamente los insectos, los animales y las aves[6] vivían en este mundo. Su rey era el león. Era un animal orgulloso[7] y egoísta.[8] Por eso, no tenía amigos.

Un día de primavera el león se levantó temprano. Salió de su cueva y corrió por la hierba[9] y las flores de los campos. Buscaba aventuras y quería ser el héroe de ellas.

Cuando el león vino cerca de un bosque pequeño, un águila[10] lo vio. Sin esperar un momento, ella gritó a los insectos, animales y aves:

—¡Cuidado! ¡Allí viene el león! ¡Todos deben esconderse![11]

---

[1]**grillo** cricket   [2]**a. de J. C. (antes de Jesucristo)** before Christ
[3]**d. de J. C. (después de Jesucristo)** after Christ
[4]**ha sido recontada** has been retold   [5]**tema** theme   [6]**aves** birds
[7]**orgulloso** proud   [8]**egoísta** selfish   [9]**hierba** grass   [10]**águila** eagle
[11]**esconderse** hide

Inmediatamente los animales se escondieron en las cuevas o detrás de las rocas grandes. Las aves se escondieron en
sus nidos.[1] Los insectos, todos menos uno, se escondieron en
las plantas.

Pero, ¡qué lástima! El insecto que no oyó las palabras era
un grillo pequeño y humilde. Él cantaba mientras trabajaba
en su jardín cerca del bosque y no oyó las palabras del águila.

El león estaba sorprendido[2] cuando no vio ningún animal,
ni ave ni insecto en el bosque. Pero oyó una canción del otro
lado del bosque.

—Vamos a ver quién canta esa canción fea— dijo el león.

El rey corrió por el bosque y, cuando vio al grillo en su
jardín, le gritó:

—¡Qué tonto eres, grillo! En vez de cantar esa canción
tan fea, ¿por qué no fuiste al bosque para decirme «Bienvenido»?[3] ¡Qué falta de cortesía tienes!

—Lo siento mucho, señor León. Por favor, perdóneme.

—Voy a perdonarte si eres obediente— respondió el león.

El pobre grillo tenía mucho miedo, y dijo: —Sí, señor, voy
a ser obediente.

—Muy bien. Entonces tú y yo vamos a hacer una carrera[4]
desde tu jardín hasta la roca grande que está al lado del
bosque. Si ganas, voy a perdonar tu falta de cortesía. Pero si
no ganas, voy a tomar posesión de tu jardín y de tu casa.

El grillo no sabía qué decir. No sabía qué hacer. Al fin
tuvo una buena idea y respondió: —Muy bien, vamos a
correr.

—Bueno— dijo el león. —Cuando diga «tres», vamos a
correr. Ahora, listo, uno, dos, TRES.

Al oír[5] «tres», el grillo brincó[6] a la cola del león y se
sentó. Pero, poco a poco[7] fue brincando de la cola hasta la

---

[1] **nidos** nests [2] **sorprendido** surprised [3] **bienvenido** welcome [4] **carrera** race
[5] **Al oír** On hearing [6] **brincó** jumped [7] **poco a poco** little by little

cabeza del rey. El león corrió rápidamente. Muchas veces miró hacia atrás[1] pero nunca vio al grillo.

—¡Qué tonto es el grillo! ¡Qué despacio corre! En una hora va a llegar a la roca.

El león estaba cerca de la roca, al lado del bosque. Una vez más miró hacia atrás. En ese momento, el grillo brincó de la cabeza del león a la roca donde se sentó y comenzó a cantar. Cuando el león miró hacia la roca, el grillo dijo:

—Bienvenido, señor León. Hoy usted corre muy despacio.

El león estaba confuso y enojado.[2] Pero perdonó al grillo por su falta de cortesía y luego corrió a su cueva.

Y de aquel día en adelante,[3] el grillo es uno de los héroes de los animales, de las aves y de los insectos de México.

EJERCICIOS

A. Termine las frases con las palabras apropiadas.

1. El rey de los animales era
   (a) el grillo.
   (b) el león.
   (c) la lechuza.

2. Todos los animales se escondieron cuando
   (a) vino la lluvia.
   (b) vino el sol.
   (c) vino el león.

3. El grillo cantaba mientras
   (a) trabajaba en su jardín.
   (b) tomaba su café.
   (c) decía buenos días.

---

[1]**atrás** behind   [2]**enojado** angry   [3]**en adelante** on

4. El león oyó una canción
   (a) que venía de una cueva.
   (b) de muchas aves.
   (c) del otro lado del bosque.

5. El grillo tenía miedo
   (a) del león.
   (b) del sol.
   (c) de la lechuza.

6. El león y el grillo iban a hacer
   (a) un jardín.
   (b) una casa.
   (c) una carrera.

7. El grillo brincó
   (a) a la cola del león.
   (b) en el aire.
   (c) tres pies.

8. Muchas veces el león
   (a) miró atrás buscando al grillo.
   (b) descansó durante la carrera.
   (c) cantó.

9. El grillo
   (a) comenzó a cantar.
   (b) buscó una mina de plata.
   (c) estaba confuso.

10. El león
    (a) estaba contento.
    (b) perdonó al grillo.
    (c) cantó a las aves.

B. Conteste con frases completas.
1. ¿Por qué no tenía amigos el león?
2. ¿Quién gritó, «Aquí viene el león»?
3. ¿Qué hicieron todos los animales?
4. ¿Dónde se escondió el grillo?
5. ¿Dónde cantó el grillo?
6. ¿Quiénes hicieron la carrera?
7. ¿Quién dijo, «uno, dos, tres»?
8. ¿Adónde brincó el grillo?
9. ¿Quién creyó que el grillo era tonto?
10. ¿Quién es uno de los héroes de los animales, de las aves y de los insectos de México?

C. Cambie el infinitivo a la forma correcta del pretérito o del imperfecto. Ejemplo: Su rey era (ser) el león.
1. El león _____ (levantarse) temprano y _____ (correr) por la hierba.
2. El león _____ (querer) ser el héroe.
3. Los animales _____ (esconderse) en las cuevas.
4. El águila _____ (gritar), «Aquí viene el león.»
5. El grillo no _____ (oír) las palabras del águila.
6. El pobre grillo _____ (tener) mucho miedo y no _____ (saber) qué hacer.
7. Al fin él _____ (tener) una buena idea.
8. El grillo _____ (brincar) a la cola del león y _____ (sentarse).
9. El león _____ (correr) rápidamente. Muchas veces _____ (mirar) hacia atrás, pero nunca _____ (ver) al grillo.
10. El león _____ (perdonar) al grillo y _____ (correr) a su cueva.

D. Indique el sustantivo que tiene relación con cada infinitivo.
   Ejemplo: perdonar—perdón.

1. cantar	7. trabajar	13. saludar
2. pasar	8. nombrar	14. caminar
3. invitar	9. visitar	15. preguntar
4. viajar	10. enfermarse	16. venir
5. reinar	11. cuidar	17. rezar
6. entrar	12. vestir	18. gritar

E. Cosas que puede hacer. Adivine estas adivinanzas.

Éstos son unos gatos,
Cada gato en su rincón,
Cada gato ve tres gatos.
¡Adivina cuántos son!

Yo tengo una tía,
Mi tía tiene una hermana
Y la hermana de mi tía
No es mi tía.
¿Quién es?

Una cajita redonda,
Blanca como el azahar.
Se abre muy fácilmente
Y no se puede cerrar.
¿Qué es?

cuatro   mi madre   un huevo

Los novios

Al este de la capital de México, hay dos volcanes que siempre están cubiertos[1] de nieve. Son el Popocatépetl, que tiene una altura de 17.000 pies, y el Ixtaccíhuatl,[2] un poco más bajo. De vez en cuando[3] «Popo» está activo y echa humo,[4] pero «Ixy» está inactiva. «Popo» representa un guerrero[5] azteca velando[6] al lado de su novia, Ixy, que está durmiendo. Los mexicanos dicen que cuando hay temblores,[7] él está llorando[8] por su querida.[9]

Hace muchos siglos[10] había un emperador azteca que tenía una hija muy buena y hermosa que se llamaba Ixtaccíhuatl.

Un día el emperador recibió noticias de que sus enemigos estaban preparando un ataque contra su país. Así el emperador llamó a su palacio a sus jóvenes guerreros valientes y les dijo:

—Como soy viejo, ya no puedo pelear.[11] Por eso, nombren al guerrero más valiente para que sirva de jefe de nuestro ejército[12] azteca. Si él puede vencer[13] al enemigo y establecer la paz en nuestra tierra, le daré mi trono y la mano de mi hija.

—Popo es el más valiente y también el más fuerte. Él debe ser nuestro jefe— gritaron todos los guerreros menos uno.

---

[1] **cubiertos** covered   [2] **Ixtaccíhuatl** this means "sleeping woman" in the Nahuatl language   [3] **de vez en cuando** from time to time
[4] **echa humo** throws out smoke   [5] **guerrero** warrior   [6] **velando** watching over
[7] **temblores** earthquakes   [8] **llorando** weeping   [9] **querida** beloved
[10] **siglos** centuries   [11] **pelear** to fight   [12] **ejército** army   [13] **vencer** conquer

—Muy bien. Popocatépetl, tú eres el jefe— dijo el emperador. —Yo sé que nuestros dioses van a ayudarte a ser victorioso.

Entre los guerreros había uno que tenía muchos celos[1] de Popocatépetl. Pensaba que él mismo debía ser jefe. Pero él no dijo nada de lo que estaba pensando.

Nadie sabía que la princesa y Popocatépetl estaban enamorados.[2] Antes de salir para la guerra,[3] el joven jefe fue al jardín para decir adiós a su querida princesa.

—Volveré pronto, mi querida— le dijo el joven a la princesa. —Entonces nos casaremos.[4]

—Sí, y tú estarás siempre a mi lado, ¿no es verdad?— respondió la princesa.

—Tienes razón. Voy a estar a tu lado para siempre[5]— dijo el joven.

Con estas palabras, Popocatépetl salió para la guerra que fue larga y cruel. Pero nadie era tan valiente como el jefe azteca.

Al fin, los guerreros aztecas fueron victoriosos y todos se prepararon para volver a la capital. Pero el guerrero que tenía celos de Popocatépetl salió primero. Fue corriendo tan rápidamente que llegó dos días antes que los otros. En seguida anunció que Popocatépetl estaba muerto[6] y que él había sido el héroe de las últimas batallas. Por eso, debía ser el próximo emperador y el esposo de la princesa.

¡La pobre princesa! Estaba tan triste que quería morir.

El emperador estaba triste también porque creía que el guerrero decía la verdad acerca de Popo.

Al día siguiente hubo[7] una gran fiesta en el palacio para celebrar la boda[8] de la princesa y el guerrero celoso. De repente la princesa gritó:

---

[1]**tenía muchos celos** he was very jealous   [2]**enamorados** in love   [3]**guerra** war
[4]**casaremos** we will marry   [5]**para siempre** forever   [6]**muerto** dead
[7]**hubo** there was   [8]**boda** wedding

—¡Ay, mi pobre Popocatépetl!

Y ella cayó muerta al suelo.[1]

En esos momentos, los guerreros aztecas entraron en el palacio. Popocatépetl corrió al lado del emperador y anunció:

—Hemos vencido. Ahora la princesa y yo podemos casarnos.

Hubo un gran silencio. Todos miraron en la dirección de la princesa.

Al ver a su querida muerta, el joven corrió llorando a su lado. La tomó en sus brazos y dijo:

—Hasta el fin del mundo voy a estar a tu lado, mi preciosa.

Entonces el valiente jefe llevó tristemente el cuerpo de la princesa a las montañas más altas. La puso en una cama de flores hermosas y se sentó a su lado.

Pasaron los días. Al fin, uno de los buenos dioses transformó a los novios en volcanes. «Ixy» es tranquila. Pero de vez en cuando «Popo» tiembla y de su corazón salen lágrimas[2] de fuego. Entonces todo México sabe que «Popo» llora por su querida princesa.

EJERCICIOS

A. Termine las frases con las palabras apropiadas.
  1. Al este de la capital de México hay
     (a) tres lagos.
     (b) dos volcanes.
     (c) cuatro milpas.

---

[1] **suelo** floor   [2] **lágrimas** tears

2. Un día el emperador recibió noticias de que
   (a) su hija estaba enferma.
   (b) sus guerreros no eran valientes.
   (c) sus enemigos estaban preparando un ataque.

3. El emperador no podía pelear porque
   (a) era viejo.
   (b) era azteca.
   (c) era joven.

4. El emperador iba a dar su trono y la mano de su hija
   (a) al guerrero más viejo.
   (b) al guerrero más valiente.
   (c) al guerrero más celoso.

5. La princesa y Popocatépetl
   (a) estaban enamorados.
   (b) eran hermanos.
   (c) estaban llorando.

6. «Popo» dijo que al volver
   (a) él iba a casarse con «Ixy».
   (b) él iba a ser el jefe.
   (c) él iba a hablar español.

7. Los guerreros aztecas
   (a) estaban muertos.
   (b) no volvieron.
   (c) fueron victoriosos.

8. La princesa
   (a) se casó con otro.
   (b) cayó muerta.
   (c) estaba alegre.

9. El valiente jefe llevó tristemente a las montañas
   (a) el cuerpo de la princesa.
   (b) una flor.
   (c) un grillo.

B. Conteste con frases completas.
1. ¿Cómo se llaman los dos volcanes?
2. ¿Qué iban a hacer los enemigos de los aztecas?
3. ¿Quién era el guerrero más valiente?
4. ¿Quiénes iban a casarse?
5. ¿Quién tenía muchos celos del jefe joven?
6. Después de la guerra, ¿quién salió primero?
7. ¿Por qué había una gran fiesta?
8. ¿Qué creía el viejo emperador?
9. Al entrar los guerreros aztecas en el palacio, ¿qué anunció «Popo»?
10. ¿Quién transformó a los novios en volcanes?

C. Escriba la palabra correcta en el espacio en blanco: a, al, con, contra, de, en, entre, para, por.
1. Él estaba llorando _____ su querida.
2. _____ favor, nombre _____ guerrero más valiente _____ servir _____ jefe _____ nuestro ejército.
3. _____ este _____ la capital _____ México hay dos volcanes.
4. Sus enemigos estaban preparando un ataque _____ su país.
5. _____ vez _____ cuando «Popo» está activo.
6. Hay dos volcanes que están cubiertos _____ nieve.
7. El joven jefe fue _____ jardín_____ decir adiós _____ la princesa.
8. _____ estas palabras, Popocatépetl salió _____ la guerra.
9. Voy _____ estar _____ tu lado _____ siempre.
10. _____ los guerreros había uno que era muy celoso.
11. _____ ver _____ su querida muerta, el joven corrió llorando _____ su lado.

D. Lea las palabras en la primera columna. Después busque lo contrario en la segunda columna.

1. más
2. arriba
3. amigos
4. guerra
5. tierra
6. palacio
7. príncipe
8. mano
9. levantarse
10. tristemente

a. enemigos
b. mar
c. pie
d. princesa
e. casita
f. alegremente
g. paz
h. menos
i. sentarse
j. debajo

E. Cosas que puede hacer.

1. Nombre los estados de los Estados Unidos que tienen el nombre en español.
2. Nombre veinte o más pueblos y ciudades de los Estados Unidos que tienen el nombre en español.

El enano[1] de Uxmal

Por más de dos mil años los indios mayas han vivido en El Salvador, Honduras, Guatemala y el sureste de México. Tenían una cultura muy avanzada. Hoy día se pueden[2] ver las ruinas de sus magníficos templos, palacios y pirámides. En Uxmal, Yucatán, están las ruinas de la «Casa del Enano», héroe de esta leyenda, y la «Casa de la Vieja», su madre.

En el siglo X, vivía una vieja bruja[3] en un bosque cerca del pueblo de Uxmal. Una noche oscura cuando hacía mucho viento, la bruja voló[4] a la cueva de los tres viejos sabios[5] y les dijo:

—Como vivo sola con mi lechuza y mi gato negro, estoy muy triste. Por favor, denme a un hijo como compañero.

El sabio más viejo sacó un huevo grande de un cesto.[6] Los tres hombres, con las manos sobre el huevo, dijeron palabras mágicas. Entonces se lo dieron a la bruja.

—Aquí tiene usted un huevo mágico— dijo el sabio más viejo. —Cuando llegues[7] a casa, tienes que envolverlo en una toalla y ponerlo cerca del fogón.[8]

—Muchas gracias, amigos sabios— dijo la bruja. Tomó el huevo y voló a su cabaña.[9]

Pasó el tiempo y un buen día salió del huevo un niño hermoso que podía andar y hablar. A la edad de tres años

---

[1]**enano** dwarf [2]**se pueden** one can [3]**bruja** witch [4]**voló** flew
[5]**sabios** wise men [6]**cesto** basket [7]**llegues** you arrive [8]**fogón** hearth
[9]**cabaña** hut

dejó de[1] crecer. Era un enano, pero era tan sabio e inteligente que causaba la admiración de la bruja y de toda la gente.

El enano observó que la bruja guardaba el fogón de día y de noche. Como era curioso, quería saber lo que allí estaba escondido.[2]

Al día siguiente, cuando la bruja fue a traer agua del pozo,[3] el enano descubrió dos cosas debajo de las piedras[4] grises del fogón. Eran un címbalo[5] y una varita.[6]

—Vamos a escuchar el sonido del címbalo— dijo el enano a la lechuza y el gato.

Con estas palabras, él golpeó[7] el címbalo con la varita.

Hubo un sonido terrible como el trueno.[8] Toda la gente lo oyó y tenía miedo, especialmente el viejo rey.[9] Todos sabían que, según una vieja profecía, el que sonara[10] el címbalo iba a ser el próximo rey de Uxmal.

El enano puso el címbalo y la varita debajo de las piedras y se sentó en una silla con los ojos cerrados.

La bruja corrió rápidamente a su cabaña y le dijo al enano:

—¿Qué haces, niño?

—No hago nada, madre. Estoy durmiendo.

La bruja sabía la verdad, pero no preguntó más. Sabía también que los criados[11] del rey iban a venir pronto para llevar a su hijo delante del monarca. Y eso es lo que pasó.

El viejo rey estaba sentado en su jardín debajo de un árbol grande. Como no quería darle su reino[12] a un enano, él dijo:

—Para ser rey, tú tienes que pasar tres pruebas[13] difíciles. ¿Quieres tratar de pasarlas?

—Sí, su majestad— respondió el enano sin miedo.

—Aquí tienes la primera: ¿Cuánta fruta hay en este árbol grande?

---

[1]**dejó de** stopped   [2]**escondido** hidden   [3]**pozo** well   [4]**piedras** stones
[5]**címbalo** bell   [6]**varita** small rod   [7]**golpeó** he struck   [8]**trueno** thunder
[9]**rey** king   [10]**sonara** might sound   [11]**criados** servants   [12]**reino** kingdom
[13]**pruebas** tests

Sin mirar el árbol, el enano respondió: —Son diez veces cien mil y dos veces sesenta y tres veces tres. Si no me cree, puede subir al árbol y contarlas una por una.

El rey y los criados creyeron que el enano era muy estúpido, pero en ese momento una lechuza voló del árbol y dijo:

—El enano dijo la verdad.

Al día siguiente el enano tuvo la segunda prueba. Delante de todo el pueblo un oficial rompió, uno por uno, un cesto de cocos[1] duros en la cabeza del enano. Como la bruja había puesto[2] un pedazo de piedra mágica debajo de los cabellos,[3] el enano no sintió nada.

—Tú has salido victorioso en esta prueba— dijo el rey. —Mañana tienes la tercera prueba. Si tú quieres, puedes pasar la noche en mi palacio.

—No, gracias. Prefiero dormir en mi propio[4] palacio— respondió el enano.

A la mañana siguiente, todos estaban asombrados[5] de ver un gran palacio de piedra cerca del palacio del viejo rey. Y de este palacio salió el enano con sus criados.

Cuando el enano estuvo en presencia del viejo rey, que estaba muy nervioso, éste dijo:

—Hoy es la tercera prueba. Si puedes pasarla, vas a ser el rey de Uxmal. Ahora tú y yo vamos a hacer estatuas a nuestra imagen[6] y ponerlas en el fuego. La estatua que no se queme[7] va a representar el próximo rey.

El viejo rey hizo tres estatuas de diferentes clases de madera y todas se quemaron en el fuego. Pero la estatua del enano, hecha de[8] barro,[9] salió bien.

Así el enano llegó a ser rey de Uxmal y todos estaban muy alegres menos el viejo rey.

---

[1]**cocos** coconuts   [2]**había puesto** had put   [3]**cabellos** hair   [4]**propio** own
[5]**asombrados** astonished   [6]**a nuestra imagen** in our likeness
[7]**no se queme** is not burned   [8]**hecha de** made of   [9]**barro** clay

La bruja también estaba contenta porque ahora su hijo era el rey. La madre de un rey merecía[1] tener un palacio también; así el enano mandó hacer[2] un palacio para ella al lado del suyo.[3]

EJERCICIOS

A. Termine las frases con las palabras apropiadas.
1. En un bosque cerca del pueblo de Uxmal, vivía
   (a) una lechuza.
   (b) una bruja.
   (c) un joven azteca.

2. La bruja quería
   (a) un gato negro.
   (b) una tortilla.
   (c) un hijo.

3. Los sabios le dieron a la bruja
   (a) un cesto.
   (b) un huevo.
   (c) un conejo.

4. Un buen día salió del huevo
   (a) un pollo.
   (b) una piedra.
   (c) un niño hermoso.

5. Iba a ser el próximo rey de Uxmal
   (a) el que sonara el címbalo.
   (b) el que fuera valiente.
   (c) un policía.

6. El enano tuvo que pasar
   (a) la noche solo.
   (b) tres pruebas difíciles.
   (c) por la puerta.

---

[1] **merecía** deserved   [2] **mandó hacer** had built   [3] **suyo** his

7. La lechuza dijo:
   (a) —El enano dice la verdad.
   (b) —No hay fruta en el árbol.
   (c) —Tienes cocos en la cabeza.

8. Un oficial rompió cocos en la cabeza del enano pero él
   (a) no sintió nada.
   (b) tenía dolor de cabeza.
   (c) no comió los cocos.

9. La estatua del enano estaba hecha de
   (a) plata.
   (b) oro.
   (c) barro.

B. Conteste con frases completas.
   1. ¿Dónde vivía la vieja bruja de Uxmal?
   2. ¿Qué quería ella?
   3. ¿Quiénes le dieron un huevo?
   4. ¿Qué salió del huevo?
   5. ¿Qué descubrió el enano debajo de las piedras del fogón?
   6. ¿Qué no quería hacer el rey?
   7. ¿Qué dijo la lechuza?
   8. ¿Qué sintió el enano cuando un oficial rompió cocos en su cabeza?
   9. ¿Dónde pusieron las estatuas?
   10. ¿De qué era la estatua del enano?

C. ¿Cuál es el infinitivo de estos verbos?

1. saca	6. hago	11. creen
2. puede	7. cuento	12. eres
3. guarda	8. rompió	13. quieres
4. sonó	9. tienes	14. llega
5. causa	10. voló	15. descubrió

D. Diga si estas palabras se refieren a una persona, un edificio u otra cosa.

1. bruja
2. pirámide
3. huevo
4. cabaña
5. cesto
6. policía
7. piedra
8. criados
9. monasterio
10. compañero
11. templo
12. monarca
13. hijo
14. vecinos
15. toalla

E. Cosas que puede hacer.

1. Diga quiénes son los mayas.
2. Sea un buen detective. Dentro de la palabra *meteorólogos* se esconden más de cincuenta palabras. Reglas: Usted puede cambiar el orden de las letras y tener una o más de una en una palabra. Por ejemplo: me, te, oro, loro, loros, etc. ¿Cuántas puede usted encontrar?

Un lecho¹ de rosas

Cuando Hernán Cortés llegó a México, reinaba² el emperador Mocte-
zuma. A la muerte de éste, lo siguió Cuauhtémoc. Su nombre quiere
decir «Águila³ que cae». Además de ser emperador, era comandante en
jefe de los ejércitos.⁴ Bernal Díaz del Castillo, famoso historiador espa-
ñol de aquel tiempo, dijo de Cuauhtémoc, «Era bien gentil hombre y
muy valiente». El pueblo mexicano ama⁵ y admira profundamente a
esta gran figura de su ilustre historia.

Después de las guerras de conquista de México, Hernán Cortés trató de vivir en paz con los indios.
Cuauhtémoc fue capturado con otros nobles aztecas, entre ellos el rey de Tacuba.⁶ Cuauhtémoc no quería
vivir más, pero Cortés no lo mató. El emperador y el rey de
Tacuba fueron tratados como invitados en el palacio de
Cortés.

Mientras tanto,⁷ los soldados de Cortés iban en busca de⁸
oro. Ellos creían que había mucho y no iban a estar satisfe-
chos con poco.

—Estos indios son ricos. Todos llevan collares de oro—
dijeron los soldados.

—¿Y el gran tesoro⁹ del emperador Moctezuma?— preguntaron otros.

---

¹**lecho** bed   ²**reinaba** reigned   ³**águila** eagle   ⁴**ejércitos** armies   ⁵**ama** love
⁶**Tacuba** region near Mexico City   ⁷**mientras tanto** meanwhile
⁸**en busca de** in search of   ⁹**tesoro** treasure

—Dicen que está en el fondo del lago— dijeron otros soldados.

Estos soldados fueron en canoas a buscar el tesoro en el fondo del lago. Día tras[1] día lo buscaron, pero encontraron muy poco—solamente unas cuentas[2] de oro y otras cosas de poco valor.[3]

Cansados y desanimados,[4] volvieron al palacio de Cortés. Ellos creían que Cuauhtémoc sabía dónde había un tesoro muy grande, un tesoro con mucho oro. Él era el heredero[5] natural de las posesiones de Moctezuma. Ellos querían torturar a Cuauhtémoc.

—Si sufre un poco, él nos va a decir dónde está el tesoro.

—Sí— dijeron otros —debemos pedir permiso a Cortés para torturarlo.

Ellos fueron a hablar con Cortés. Todos estaban locos por el oro. Cuando Cortés no les dio permiso, ellos creyeron que había un pacto[6] entre Cortés y Cuauhtémoc y que Cortés no quería darles a los soldados nada del tesoro.

Esto no era verdad, pero para satisfacer a los soldados, Cortés dio su permiso de torturar a Cuauhtémoc y al rey de Tacuba.

Ataron[7] a los dos indios, de manos y pies y los pusieron en unos bancos[8] bajos. Debajo de sus pies encendieron[9] fuego. Las llamas[10] tocaron los pies.

Los soldados españoles les preguntaron: —¿Dónde está el tesoro de Moctezuma?

Los dos no contestaron, pero sufrieron mucho.

Los soldados pusieron más fuego.

—Ahora— preguntaron los españoles —¿dónde está el tesoro?

---

[1]**tras** after   [2]**cuentas** beads   [3]**poco valor** little value

[4]**desanimados** discouraged   [5]**heredero** heir   [6]**pacto** agreement

[7]**Ataron** They tied up   [8]**bancos** benches   [9]**encendieron** they lit   [10]**llamas** flames

Los dos no contestaron nada. No demostraron que sufrían.

El rey de Tacuba miró a Cuauhtémoc con cara pálida, y dijo:

—Cuauhtémoc, mi emperador, es mucho el dolor.

Y Cuauhtémoc respondió al rey de Tacuba:

—¿Estoy yo por ventura[1] en un lecho de rosas?

Cortés mandó parar[2] la tortura. Los dos indios nunca dijeron dónde estaba el tesoro.

Hasta hoy día nadie sabe si existe o no el famoso tesoro de Moctezuma, pero todos recordamos las palabras de Cuauhtémoc.

EJERCICIOS

A. Termine las frases con las palabras apropiadas.
  1. Después de las guerras de conquista,
     (a) los indios hablaron español.
     (b) Hernán Cortés trató de vivir en paz con los indios.
     (c) los españoles volvieron a Cuba.

  2. Los soldados de Cortés
     (a) fueron en busca de oro.
     (b) buscaron a la princesa.
     (c) comieron mucho chile.

  3. Los soldados españoles creían que el tesoro estaba
     (a) en un templo.
     (b) en las pirámides.
     (c) en el fondo del lago.

  4. Los soldados españoles querían
     (a) torturar a Cuauhtémoc.
     (b) cantar como el grillo.
     (c) comprar el tesoro.

---

[1] **por ventura** by chance   [2] **mandó parar** commanded to be stopped

5. Los españoles
   (a) comieron muchas tortillas.
   (b) encontraron el tesoro de Moctezuma en la Pirámide del Sol.
   (c) ataron las manos y los pies de Cuauhtémoc y del rey de Tacuba.

6. Pusieron fuego
   (a) en la chimenea.
   (b) debajo de los pies de los dos indios.
   (c) en los templos de los indios.

7. Los dos indios
   (a) no dijeron nada.
   (b) hicieron mucho ruido.
   (c) contaron dónde estaba el tesoro.

8. Cuauhtémoc
   (a) respondió que estos españoles eran buenos soldados.
   (b) dijo que iba a aprender el español para poder hablar con ellos.
   (c) preguntó si él estaba por ventura en un lecho de rosas.

9. Los dos indios
   (a) amaron a los españoles.
   (b) nunca dijeron dónde estaba el tesoro.
   (c) no sufrieron nada.

10. Hasta hoy día
    (a) los indios no hablan español.
    (b) los españoles son crueles.
    (c) nadie sabe si existe el tesoro de Moctezuma.

B. Conteste con frases completas.

1. ¿Qué quiere decir «Cuauhtémoc»?
2. ¿Quién dijo que Cuauhtémoc «era bien gentil hombre . . .»?
3. ¿Cómo trataban los españoles a Cuauhtémoc y al rey de Tacuba?
4. ¿Qué buscaban los soldados españoles?
5. ¿Dónde estaba el tesoro de Cuauhtémoc?
6. ¿Dónde encontraron los soldados españoles unas cuentas de oro?

7. ¿Qué querían hacer los soldados españoles con Cuauhtémoc?
8. ¿Por qué?
9. ¿Torturaron a Cuauhtémoc y al rey de Tacuba?
10. ¿Cómo?

C. **Escriba la forma correcta—presente, imperfecto o pretérito—del verbo.**
   1. El pueblo mexicano _____ (*amar*) a Cuauhtémoc.
   2. Cuauhtémoc _____ (*ser*) capturado y no _____ (*querer*) vivir más.
   3. Los soldados _____ (*ir*) en busca de oro pero _____ (*encontrar*) muy poco.
   4. Ellos _____ (*volver*) al palacio de Cortés.
   5. Ellos _____ (*atar*) a los dos indios y los _____ (*poner*) en unos bancos bajos.
   6. Debajo de sus pies _____ (*encender*) fuego.
   7. Los dos no _____ (*contestar*), pero _____ (*sufrir*) mucho.
   8. Los dos indios nunca _____ (*decir*) dónde _____ (*estar*) el tesoro.
   9. Nadie _____ (*saber*) si existe o no el famoso tesoro.
   10. Nosotros _____ (*recordar*) las palabras de Cuauhtémoc.

D. **En cada espacio en blanco, escriba el adjetivo correcto.**
   1. _____ historiador _____   españoles
   2. pueblo _____   mexicano
   3. _____ historia   ilustre
   4. _____ cosas   otras
   5. cara _____   famoso
   6. _____ aztecas   pálida
   7. soldados _____   poco
   8. bancos _____   español
   9. _____ valor   nobles
                                             bajos

E. **Cosas que puede hacer.**
   1. Nombre dos o tres tribus de indios de México.
   2. Nombre cinco o más tribus de indios de los Estados Unidos.

Atzimba, la princesa

Es interesante notar que esta leyenda es semejante[1] a la de la Bella Durmiente, bien conocida por mucha gente.

El problema de la venida[2] de los españoles al Nuevo Mundo es evidente en esta leyenda; pero, como verán ustedes, el amor lo vence[3] todo.

En toda la región no había princesa más bella que Atzimba. Todo el mundo hablaba de su pelo negro y de su tez[4] morena. Además, era graciosa[5] y siempre ayudaba a los enfermos y a los pobres.

Pero desafortunadamente ella se enfermó.[6] Y era una enfermedad grave. Su abuelo, Aguanga, llamó a todos los médicos y a todos los sabios de la provincia. Ellos no pudieron hallar[7] por qué ella estaba enferma.

—Yo no sé qué hacer— dijo uno de los médicos.

—Estamos haciendo todo lo posible por Atzimba, pero ella no está mejor— dijeron los sabios.

—¿Qué vamos a hacer? Ella está muy pálida y va a morir si no podemos curarla— dijo otro médico.

Decidieron llevarla a la playa donde ella podría descansar y recobrar[8] su salud.[9]

---

[1]**semejante** similar   [2]**venida** arrival   [3]**vence** conquers   [4]**tez** skin
[5]**graciosa** gracious, attractive, witty   [6]**se enfermó** became ill   [7]**hallar** to find out
[8]**recobrar** to recover   [9]**salud** health

Ella pasó mucho tiempo allí, pero no mejoraba.[1] Al contrario, estaba más pálida y más débil.[2]

Un día cuando ella estaba descansando en la playa, pasó un grupo de soldados españoles a caballo[3] cerca de donde estaba ella. (En estos días había paz entre los indios y los españoles, pero los indios no estaban contentos con la presencia de los españoles en su tierra y buscaban cómo echarlos.[4])

Atzimba vio a uno de los soldados del grupo. Él era el más guapo. Ella se enamoró de[5] él y se desmayó.[6] El soldado era el capitán Villadiego de las tropas de Cortés.

Pronto, los que cuidaban de[7] la princesa la llevaron a su cama y llamaron a los médicos. Los médicos no pudieron despertarla. Ella no pudo abrir los ojos.

El capitán, después de dos días, regresó y pasó por la ventana de la casa de la princesa. Él la vio. Ella estaba dormida, creyó él. Él no pudo resistir la tentación. Él entró en la casa. No había nadie. Él se acercó a la cama. Atzimba no se movió. Él la besó y ella abrió los ojos y dijo:

—¿Quién eres tú?

—Yo soy el capitán Villadiego.

Al instante se enamoraron.

Ella recobró la salud milagrosamente[8] y los dos decidieron ir a hablar con Aguanga, el abuelo de la princesa.

—Queremos casarnos— dijo el capitán Villadiego a Aguanga.

—No podemos permitirlo— contestó Aguanga. —Usted es español.

—Pero la quiero— dijo Villadiego.

—Usted no es príncipe[9]— contestó Aguanga.

Atzimba rogó[10] a su abuelo y dijo:

---

[1] **mejoraba** get better   [2] **débil** weak   [3] **a caballo** on horseback
[4] **echarlos** to throw them out   [5] **se enamoró de** fell in love with
[6] **se desmayó** she fainted   [7] **cuidaban de** cared for   [8] **milagrosamente** miraculously
[9] **príncipe** prince   [10] **rogó** begged

—Yo lo quiero y quiero casarme con él. Él me quiere y quiere casarse conmigo. Yo le debo mi vida. Yo le debo[1] mi salud.

—Habrá[2] problemas si te casas con él— explicó Aguanga tristemente.

Cuando Aguanga vio que los dos no cambiaban de decisión, él dijo:

—Váyanse[3] lejos de nosotros.

Un grupo de indios llevó al capitán Villadiego y a Atzimba del pueblo. Se fueron lejos, muy lejos, y llegaron a tierras desconocidas.[4] Los indios pusieron a los dos en una cueva y cubrieron la entrada con rocas grandes.

El capitán Villadiego y Atzimba no pudieron salir. Los indios volvieron a Aguanga y le dijeron:

—Atzimba y el capitán no volverán nunca.— Aguanga estaba muy triste, pero los indios tenían la costumbre de desterrar[5] a los que no obedecían las leyes[6] de la tribu.

Años después, unos españoles pasando por la cueva descubrieron la entrada. Vieron a dos esqueletos abrazados.[7]

EJERCICIOS

A. Termine las frases con las palabras apropiadas.
   1. En toda la región no había
      (a) sol ni luna.
      (b) fruta tan deliciosa.
      (c) princesa más bella.

   2. Atzimba siempre
      (a) iba a la playa.
      (b) hablaba mucho.
      (c) ayudaba a los enfermos y a los pobres.

---

[1] **debo** I owe   [2] **Habrá** There will be   [3] **Váyanse** Go away
[4] **desconocidas** unknown   [5] **desterrar** to exile   [6] **leyes** laws
[7] **abrazados** in an embrace

3. Los médicos y sabios no supieron
   (a) dónde estaba la playa.
   (b) por qué estaba enferma Atzimba.
   (c) dónde estaban.

4. Atzimba descansó
   (a) en la playa.
   (b) en la ciudad.
   (c) en un templo.

5. El capitán español
   (a) preparó la comida.
   (b) durmió.
   (c) besó a Atzimba.

6. El capitán Villadiego quería
   (a) casarse con Atzimba.
   (b) ir a la playa.
   (c) volver a España.

7. Un grupo de indios llevaron a Atzimba y al capitán Villadiego
   (a) a la playa.
   (b) a una cueva.
   (c) a la capital.

8. El capitán Villadiego y Atzimba no pudieron
   (a) salir.
   (b) hablar.
   (c) abrazarse.

9. Los indios pusieron al capitán Villadiego y a Atzimba
   (a) en la luna.
   (b) en un barco.
   (c) en una cueva.

10. Años después, unos españoles vieron en la cueva
    (a) una lechuza sabia.
    (b) dos esqueletos abrazados.
    (c) un conejo con orejas grandes.

B. Conteste con frases completas.
1. ¿Quién hablaba del pelo negro y de la tez morena de Atzimba?
2. ¿Adónde llevaron a Atzimba?
3. ¿Quiénes pasaron cerca de ella cuando estaba en la playa?
4. ¿De quién se enamoró Atzimba?
5. ¿Cómo se llamaba el capitán español?
6. ¿Quién besó a Atzimba?
7. ¿Qué querían Atzimba y el capitán Villadiego?
8. ¿Adónde llevaron los indios a Atzimba y al capitán?
9. ¿Cómo cubrieron la entrada de la cueva?
10. ¿Qué descubrieron unos españoles años después?

C. ¿Quién(es) lo dijo (dijeron)? ¿El abuelo, el médico, Atzimba, los indios, el capitán o los sabios?
1. ¿Qué vamos a hacer?
2. ¿Quién eres tú?
3. Queremos casarnos.
4. Usted no es príncipe.
5. Estamos haciendo todo por Atzimba.
6. Váyanse lejos de nosotros.
7. Yo no sé qué hacer.
8. Pero la quiero.
9. Yo le debo mi vida.
10. Atzimba y el capitán no volverán nunca.

D. Escriba el adjetivo correcto en el espacio en blanco: grave, desconocidas, morena, españoles, hermosa, negro, Nuevo, pesadas, siguiente, humilde.

1. su pelo _____
2. una enfermedad _____
3. el _____ Mundo
4. su tez _____
5. las pieles _____
6. los soldados _____
7. a la mañana _____
8. un indio _____
9. una iglesia _____
10. las tierras _____

E. Cosas que puede hacer.
1. Nombre cinco edificios. Ejemplos: casa, basílica, hospital.
2. Nombre la capital de cada país hispanoamericano.

La Virgen de Guadalupe

La santa patrona de México es la Virgen de Guadalupe. Su día de fiesta es el doce de diciembre. En ese día, la gente de todas partes de la república visita su Basílica en el pueblo de Guadalupe, a cuatro millas[1] de la capital de México. Desde 1910 la Virgen es también la patrona de los otros países hispanoamericanos.

En diciembre del año 1531, Juan Diego, un indio pobre, caminaba hacia la ciudad para oír misa.[2] De repente, en la colina de Tepeyac, oyó música divina y olió[3] el perfume más fragante. Luego en una nube de luz, él vio a una mujer que estaba parada[4] en el sendero[5] delante de él. Era una señora hermosa, morena como una mujer mexicana, de expresión angelical.

Juan tenía miedo. No sabía qué hacer ni qué decir.

—No tengas miedo. Soy la Virgen María— dijo la mujer en voz dulce. —Vengo para pedir tu ayuda, Juan.

—Soy un indio pobre y humilde. ¿Cómo puedo ayudar a la Santa Madre?— respondió Juan.

—Es muy fácil. Ve y dile al obispo[6] que me edifique[7] una iglesia aquí— dijo la Virgen.

Así el indio fue rápidamente al obispo. Le contó acerca de la Virgen y lo que ella deseaba. Pero el obispo no creyó un cuento tan fantástico.

---

[1] **millas** miles   [2] **misa** mass   [3] **olió** he smelled   [4] **parada** stopped
[5] **sendero** pathway   [6] **obispo** bishop   [7] **que me edifique** that he build me

—¡Imposible!— contestó el buen hombre. —Necesito prueba[1] de esto.

Juan, muy triste y confundido,[2] volvió a su casa. Pero otra vez en la colina de Tepeyac, vio a la Virgen y le dijo que el obispo deseaba una prueba.

—Muy bien, mañana en este sitio voy a darte la prueba para el obispo— dijo la Virgen.

Cuando Juan llegó a su casa, supo[3] que su tío estaba muy enfermo y deseaba la bendición[4] del cura[5] antes de morirse.[6]

A la mañana siguiente Juan fue a llamar al cura. Otra vez, en el mismo sitio, Juan vio a la Virgen.

—¿Adónde vas, Juan?— preguntó la Virgen.

—Oh, Santa Madre, voy a la casa del cura. Mi tío está muy enfermo y desea su bendición.

—Desde este momento tu tío está perfectamente bien— respondió la Virgen. —Y ahora, Juan, coge[7] las rosas que crecen[8] a tus pies y llévalas al obispo. Dile[9] que la Virgen de Guadalupe va a cuidar para siempre a los indios de México.

Puedes imaginarte la sorpresa de Juan cuando la Virgen habló de rosas porque sólo había cactos[10] en esa región. Pero cuando miró a los pies, vio las rosas más bonitas y fragantes. El indio cogió un ramo[11] que puso en su tilma.[12] Entonces corrió a la casa del obispo.

—Ahora le traigo prueba— dijo Juan.

Cuando abrió la tilma, las rosas cayeron al suelo. Pero ahora había otra sorpresa. Allí en la tilma, en colores muy bonitos, estaba pintado[13] el retrato[14] de la Virgen. Ahora el obispo no necesitaba más prueba.

En la colina, en el mismo sitio donde Juan cogió las rosas el doce de diciembre del año 1531, hay una pequeña capilla.

---

[1] **prueba** proof   [2] **confundido** confused   [3] **supo** he learned   [4] **bendición** blessing
[5] **cura** priest   [6] **antes de morirse** before dying   [7] **coge** pick
[8] **crecen** are growing   [9] **Dile** Tell him   [10] **cacto** cactus   [11] **ramo** branch
[12] **tilma** blanket used as a cloak   [13] **estaba pintado** was painted   [14] **retrato** portrait

Y al pie de la colina hay una iglesia grande y hermosa, la Basílica de la Virgen de Guadalupe. Por encima del altar, a plena vista[1] de todos, está la tilma de Juan Diego con el retrato de la Santa Virgen.

EJERCICIOS

A. Termine las frases con las palabras apropiadas.
1. El día de la fiesta de la Virgen de Guadalupe es
   (a) el veinticinco de diciembre.
   (b) el doce de diciembre.
   (c) el Día de Año Nuevo.

2. La Virgen se le apareció a Juan
   (a) en el sendero.
   (b) en la casa.
   (c) en la iglesia.

3. La Virgen quería
   (a) una rosa.
   (b) visitar a México.
   (c) una iglesia.

4. El tío de Juan
   (a) estaba muy enfermo.
   (b) estaba cansado.
   (c) estaba en la iglesia.

5. El tío quería la bendición
   (a) de la iglesia.
   (b) de la Virgen.
   (c) del cura.

6. Juan llevó
   (a) una sorpresa a su tío.
   (b) rosas al obispo.
   (c) un sombrero de tres picos.

---

[1] **plena vista** full view

7. El retrato de la Virgen estaba
   (a) en la tilma.
   (b) en la pared.
   (c) en el suelo.

8. Ahora el obispo estaba
   (a) enfermo.
   (b) triste.
   (c) convencido.

9. En la colina ahora hay
   (a) una capilla.
   (b) un retrato de la Virgen.
   (c) rosas.

10. El retrato de la Virgen está
    (a) escondido.
    (b) entre las rosas.
    (c) por encima del altar.

B. Conteste con frases completas.

1. ¿Qué oyó Juan Diego en la colina?
2. ¿Qué olió Juan Diego en la colina?
3. ¿Qué expresión tenía la Virgen?
4. ¿Qué no creyó el obispo?
5. ¿Quién estaba enfermo?
6. ¿Qué quería el tío de Juan Diego?
7. ¿Dónde crecieron las rosas de la leyenda?
8. ¿Qué puso Juan Diego en su tilma?
9. ¿Qué había en la tilma con las rosas?
10. ¿En qué año apareció la Virgen?

C. ¿Cuál es el infinitivo de estos verbos?

1. oyó	7. dijo	13. soy
2. ve	8. iba	14. vienen
3. tenía	9. pueden	15. podemos
4. vengo	10. traigo	16. tienes
5. va	11. empiezan	17. son
6. vuelve	12. saben	18. se sienta

D. Lea las palabras en la primera columna. Después busque lo contrario en la segunda columna.

1. delante (de)
2. pobre
3. responde
4. fácil
5. rápidamente
6. triste
7. está enfermo
8. morirse
9. feo
10. arriba (de)

a. debajo (de)
b. difícil
c. alegre
d. vivir
e. detrás (de)
f. está bien
g. bonito
h. rico
i. pregunta
j. despacio

E. Cosas que puede hacer.

1. Nombre diez parientes. Ejemplos: madre, padre.
2. Nombre los diecinueve países hispanoamericanos.
3. Nombre cinco animales y describa cada uno en una frase.

La china poblana[1]

En el año 1520, el navegante Fernando de Magallanes descubrió las islas que él nombró[2] las Filipinas en honor de Felipe II, rey de España.

Durante los próximos tres siglos[3] hubo mucho comercio entre México y las Filipinas, la China y la India. Los barcos que salían de Acapulco[4] para esos países llevaban oro, plata, mantas y cacao. Después de un largo y difícil viaje, los barcos volvían al mismo puerto. Ahora llevaban cargas del Oriente—perfumes, sedas,[5] encajes,[6] porcelanas y especias—para la gente mexicana. Esta leyenda nos cuenta de una princesa india y de su llegada a México.

En la costa de la India vivía una princesa hermosa con su familia. Un día, ella y su criada[7] fueron al puerto para ver los barcos grandes y pequeños que salían para otras partes del mundo. En uno de los barcos había hombres malos que decían ser comerciantes,[8] pero no era verdad. Eran feroces piratas chinos.

Cuando los piratas vieron a la princesa de diez años con su vestido elegante y sus hermosas joyas,[9] dijeron los unos a los otros:[10]

—Vamos a raptar[11] a la niña y llevarla a Manila en las Filipinas. Allí podemos venderla a un precio muy bueno.

Y eso fue lo que hicieron.

---

[1] **poblana** refers to a person from the Mexican city of Puebla   [2] **nombró** named
[3] **siglos** centuries   [4] **Acapulco** port on the west coast of Mexico   [5] **sedas** silks
[6] **encajes** lace   [7] **criada** servant   [8] **comerciantes** merchants   [9] **joyas** jewels
[10] **los ... otros** to each other   [11] **raptar** kidnap

Afortunadamente,[1] en Manila un buen hombre, el capitán de un barco español que iba con mercancías a Acapulco, compró a la princesa. Y como era el día de Santa Catalina, le dio el nombre de Catalina a la muchacha.

Catalina estaba contenta con su nuevo amo,[2] pero el viaje a Acapulco era de muchos meses. La pobre Catalina estaba cansada y triste porque ella no sabía lo que le iba a pasar en Acapulco.

Muchos comerciantes de todas partes de México subieron al barco. Todos querían comprar las mercancías. Entre ellos, había uno de Puebla. Mientras visitaba al capitán, observó a la niña hermosa sentada en un saco de mercancías. Sus ojos eran negros y muy vivos.

—¿Quién es esa niña preciosa?— preguntó el poblano[3] al capitán.

—Creo que es una princesa de China aunque[4] la compré en Manila. ¿No quiere usted comprarla?

—Sí, con mucho gusto. Mi esposa y yo no tenemos hijos. Ahora, gracias a usted, vamos a tener una hija— respondió el poblano.

Así Catalina fue llevada[5] a Puebla donde vivía felizmente con el buen comerciante y su amable esposa. Sus padres adoptivos y también la gente de Puebla amaban a la princesa que era tan buena y simpática, especialmente con los pobres y los enfermos. Todos la llamaban con cariño la «china poblana»[6].

Como a toda princesa, le gustaban mucho la ropa bonita y las joyas elegantes. Siempre llevaba faldas de colores brillantes y blusas bordadas[7] con flores.

Cuando Catalina murió, en el año 1688, las mujeres del pueblo, para honrar su memoria, querían vestirse como ella.

---

[1]**Afortunadamente** Fortunately   [2]**amo** master   [3]**poblano** man from Puebla
[4]**aunque** even though   [5]**llevada** taken   [6]**china poblana** Chinese girl of Puebla
[7]**bordadas** embroidered

Y por supuesto,[1] el nombre del vestido era «china poblana».

Hoy día las mexicanas llevan este tipo de vestido en los días de fiesta. Consiste en una falda roja y verde, ricamente decorada. La blusa blanca es bordada con flores de muchos colores. Este traje[2] se lleva[3] en muchos bailes típicos de México, como el «Jarabe Tapatío». Vestida de esta manera, la mexicana se llama la «china poblana».

Las costumbres[4] tienen orígenes muy extraños, ¿verdad?

EJERCICIOS

A. Termine las frases con las palabras apropiadas.

1. En uno de los barcos del puerto
   (a) había muchas joyas.
   (b) había piratas.
   (c) había un capitán indio.

2. Los piratas
   (a) cantaron como el grillo.
   (b) raptaron a la princesa.
   (c) se escondieron.

3. El capitán español que la compró en Manila le dio el nombre de
   (a) María.
   (b) Elena.
   (c) Catalina.

4. El barco del capitán español iba a
   (a) Acapulco.
   (b) Veracruz.
   (c) Tampico.

5. Uno de los comerciantes mexicanos era de
   (a) Guadalajara.
   (b) Puebla.
   (c) Monterrey.

---

[1] **por supuesto** of course   [2] **traje** dress   [3] **se lleva** is worn   [4] **costumbres** customs

6. El comerciante de Puebla compró
   (a) a la niña.
   (b) un grillo.
   (c) el barco.

7. La princesa era muy buena con
   (a) los otros niños.
   (b) todos los comerciantes.
   (c) los pobres y los enfermos.

8. La princesa siempre llevaba
   (a) faldas de colores brillantes.
   (b) un vestido largo.
   (c) pantalones y botas.

9. Todos la llamaban la
   (a) princesita.
   (b) chinita.
   (c) china poblana.

10. En días de fiesta las mexicanas
    (a) comen mucho.
    (b) cantan como el grillo.
    (c) llevan el vestido de «china poblana».

B. Conteste con frases completas.
1. ¿Adónde fueron un día la princesa y su criada?
2. ¿Quiénes raptaron a la princesa?
3. ¿Qué querían hacer con ella?
4. ¿Quién la compró en Manila?
5. ¿Adónde iba el barco del capitán español?
6. ¿En qué día compró el capitán español a la princesa?
7. ¿Quién la compró en Acapulco?
8. ¿Quién amó a la princesa?
9. ¿Qué llevaba siempre la princesa?
10. ¿Cuál es el nombre del vestido que llevan las mexicanas los días de fiesta?

C. ¿Cuál de las palabras no tiene ninguna relación con las otras?
1. perfumes, porcelanas, personajes, encajes
2. capitán, barco, buenos, cargas
3. navegante, Magallanes, Filipinas, India
4. puerto, Manila, Guanajuato, Acapulco
5. princesa, raptar, piratas, países
6. plata, sombrero, blusa, falda
7. buena, fea, amable, simpática
8. hermoso, bonito, elegante, triste

D. Escriba en el espacio en blanco la palabra correcta: a, al, con, de, entre, para.
1. Los piratas vieron _____ la princesa_____ diez años _____ su vestido elegante.
2. Ella y su criada fueron _____ puerto _____ ver los barcos.
3. Después _____ un largo viaje, los barcos volvían _____ mismo puerto.
4. Había mucho comercio _____ México y las Filipinas.
5. La gente _____ Puebla amaba _____ la princesa.
6. Ella era simpática _____ los pobres.
7. Las mexicanas llevan este tipo _____ vestido _____ los días _____ fiesta.
8. Todos la llaman _____ cariño la «china poblana».

El fraile[1] y el alacrán[2]

Durante la época colonial (1521–1821), México comerciaba[3] con las otras colonias españolas y también con la China. Pero siempre había muchos peligros para los marineros[4] y los barcos. En el mar[5] había tempestades[6] y piratas; en el Nuevo Mundo había indios salvajes. Así, muchos barcos, marineros y viajeros nunca llegaron a su destino.

En el siglo XVII había muchos comerciantes ricos en la capital de México. Uno de ellos se llamaba don[7] Lorenzo.

Don Lorenzo era estimado por todos. Era humilde, industrioso y generoso. Él creía que si trabajaba horas largas, Dios iba a darle una fortuna. Así él podía ayudar a los pobres y enfermos. Y eso fue lo que pasó.

Una mañana un marinero visitó a don Lorenzo en la casa modesta donde vivía con su esposa y su hijo de dieciséis años.

—Le traigo malas noticias— dijo el marinero. —Durante una tempestad terrible en Manila, su barco se hundió[8] con toda su carga.[9]

—¿Y todos los marineros?— preguntó don Lorenzo ansiosamente.

---

[1]**fraile** friar, monk   [2]**alacrán** scorpion   [3]**comerciaba** traded   [4]**marineros** sailors
[5]**mar** sea   [6]**tempestades** storms   [7]**don** title preceding a gentleman's name
[8]**se hundió** sank   [9]**carga** cargo

—Todos están sanos y salvos[1]— dijo el marinero a don Lorenzo.

—Gracias a Dios— dijo don Lorenzo. —La vida de cada marinero es más importante que el barco y su carga que valen miles de pesos.

Hasta ahora todo había salido bien[2] para don Lorenzo. Por eso, no estaba preparado para los desastres del mes siguiente cuando dos barcos con sus marineros y sus cargas se perdieron.[3]

Por muchos días don Lorenzo, triste y confundido, no supo qué hacer. Entonces un día le dijo a su esposa:

—Esta mañana un marinero me dijo que con quinientos pesos puedo comprar una carga de sedas[4] y de porcelanas chinas que llegan mañana al puerto de Acapulco. Con estas mercancías puedo comenzar a hacer una fortuna otra vez. Pero, ¿dónde están los quinientos pesos? No tengo más que diez.

—Tienes muchos amigos. Ellos pueden prestarte[5] el dinero— dijo la esposa.

Así, don Lorenzo visitó a sus amigos, pero nadie quiso ayudarlo. Entonces recordó al fray Anselmo. Él siempre ayudaba a los pobres.

Don Lorenzo caminó pronto al monasterio y habló con el santo hombre en su celda pequeña.

—¡Ay, amigo, soy pobre! No tengo quinientos pesos— dijo el fraile.

—Pero, ¿qué voy a hacer?— preguntó tristemente don Lorenzo.

En este momento un alacrán empezó a subir por la pared. Fray Anselmo lo agarró y lo puso en un pedazo de tela.[6]

---

[1] **sanos y salvos** safe and sound   [2] **había salido bien** had come out well
[3] **se perdieron** were lost   [4] **sedas** silk   [5] **prestarte** lend you
[6] **pedazo de tela** piece of cloth

—Aquí está, amigo. Llévelo[1] al prestamista[2] al lado de la catedral. Él le dará dinero para sus negocios— dijo el fraile.

—Mil gracias, fray Anselmo, usted es muy amable. Adiós— dijo don Lorenzo, pero él pensaba que un alacrán no tenía mucho valor.

Cuando don Lorenzo llegó a su destino, le dio la tela con el alacrán al prestamista.

Hubo unos momentos de silencio. Don Lorenzo estaba muy nervioso. Creía que el prestamista iba a reírse de[3] él.

—¡Qué maravilla!— exclamó el prestamista.

Don Lorenzo miró el alacrán. Ahora era una joya de oro con diamantes, rubíes y esmeraldas brillantes.

—Le daré tres mil pesos, señor. ¿Está bien?— preguntó el prestamista.

—Sí, sí, está bien— respondió don Lorenzo con voz débil. Estaba tan sorprendido que le era difícil contestar al prestamista.

Después de volver a casa para decirle a su esposa las buenas noticias acerca del dinero, don Lorenzo fue a Acapulco donde compró la carga de sedas y porcelanas. Volvió inmediatamente a la capital de México donde vendió todas a un precio alto. Y desde aquel momento todos sus negocios fueron prósperos.

Llegó el día cuando don Lorenzo quiso devolver[4] el alacrán al fraile. Así, fue al prestamista, pagó el dinero necesario, y con el alacrán envuelto[5] en un pedazo de tela fue al monasterio.

—Todo está bien, ¿no es verdad?— preguntó el fraile a don Lorenzo.

—Sí, fray Anselmo, gracias a usted. Aquí tiene al alacrán precioso y una bolsa con dinero para los pobres— contestó don Lorenzo.

---

[1] **Llévelo** Take it   [2] **prestamista** money lender   [3] **reírse de** laugh at
[4] **devolver** to return   [5] **envuelto** wrapped

El fraile sacó de la tela el alacrán que ya no[1] era una joya.
Lo miró con cariño. Entonces lo puso en la pared y le dijo:
—Sigue tu camino, buen alacrán.
Y el alacrán comenzó a caminar lentamente por la pared.

EJERCICIOS

A. Termine las frases con las palabras apropiadas.
1. Don Lorenzo era
   (a) estimado por todos.
   (b) marinero.
   (c) fraile.

2. Don Lorenzo quería
   (a) dinero para comprar una carga de sedas y porcelanas.
   (b) hablar con el jefe azteca.
   (c) un pedazo de tela.

3. El fray Anselmo
   (a) salió de la catedral.
   (b) siempre ayudaba a los pobres.
   (c) no tenía alacrán.

4. El fray Anselmo agarró un alacrán y lo
   (a) puso en la mesa.
   (b) comió.
   (c) puso en un pedazo de tela.

5. El alacrán ahora era
   (a) más grande.
   (b) una joya cubierta de oro con diamantes.
   (c) una pequeña lechuza.

6. Don Lorenzo compró la carga y la vendió
   (a) en Acapulco.
   (b) en Tijuana.
   (c) en la capital de México.

---

[1]**ya no** no longer

7. Don Lorenzo devolvió el alacrán
   (a) a la pared.
   (b) al fraile.
   (c) a los comerciantes.

8. El fraile sacó el alacrán de la tela y ya no era
   (a) un alacrán.
   (b) grande.
   (c) una joya.

9. El fraile lo miró
   (a) con cariño.
   (b) con miedo.
   (c) con celos.

10. El alacrán comenzó a
    (a) correr.
    (b) dormir.
    (c) caminar.

B. Conteste con frases completas.

1. ¿A quién quería ayudar don Lorenzo?
2. ¿Quién le trajo malas noticias?
3. ¿Qué quería comprar don Lorenzo?
4. ¿Quién ayudaba siempre a los pobres?
5. ¿Qué le dio el fraile a don Lorenzo?
6. ¿Qué le dio al prestamista don Lorenzo?
7. ¿Qué era el alacrán ahora?
8. ¿Qué hizo don Lorenzo con los tres mil pesos?
9. ¿Qué le dio al fraile don Lorenzo?
10. ¿Qué hizo el alacrán?

C. Dé un ejemplo de lo siguiente.

1. una capital
2. un golfo
3. un héroe
4. una tribu de indios
5. una isla
6. una princesa
7. una calle
8. un rey
9. un estado
10. un país
11. un emperador
12. un volcán
13. un océano
14. una montaña
15. un explorador

D. Lea las palabras en la primera columna y busque lo contrario en la segunda columna.

1. ruido	a. oscuridad
2. tristemente	b. silencio
3. subir	c. difícil
4. fácil	d. bajar
5. dar	e. alegremente
6. comprar	f. reír
7. alto	g. rápidamente
8. lentamente	h. vender
9. llorar	i. recibir
10. luz	j. bajo

E. Cosas que puede hacer.

Busque la abreviatura de cada palabra. Ejemplo: señor—Sr.

1. señora	a. Ud., Vd.
2. señorita	b. Ave.
3. avenida	c. 1°
4. don	d. D.
5. doña	e. Dr.
6. distrito federal	f. D.^{a}
7. usted	g. Srta.
8. ustedes	h. D. F.
9. primero	i. EE.UU.
10. segundo	j. Hnos.
11. doctor	k. 2°
12. hermanos	l. Uds., Vds.
13. los Estados Unidos	m. Sra.
14. número	n. Núm., N°

El animalito que canta

El estado de Guanajuato está a unas 150 millas al norte de la capital de la república mexicana. Hoy día, como hace siglos,[1] Guanajuato es famoso por sus minas de plata, oro y cobre.[2]

Hace tres siglos, un joven español salió de la capital de la Nueva España[3] para Guanajuato. Iba en busca de plata. Esperaba hacerse[4] rico en poco tiempo. Entonces podría volver a España y casarse con su novia.

Por muchas semanas el joven buscaba las minas de plata, pero no encontró ni una.[5] Una noche, cansado y con frío, fue a un pueblo indio al pie de las montañas. El jefe de la tribu lo invitó a pasar la noche en su casita. El joven aceptó la invitación con mucho gusto. Se acostó en un petate[6] y durmió bien. Pero cerca de las seis de la mañana se despertó. Oyó el ruido de muchos indios que corrían y cantaban. El joven se puso[7] las botas y salió de la casita para hablar con el jefe.

—Buenos días, señor. ¿Qué pasa? ¿Por qué corren y cantan los jóvenes?

—¡Oh!— respondió el jefe —nuestros jóvenes cantan al sol. Le dicen que es la hora de despertarse y de empezar su viaje a través del[8] cielo.

---

[1] **siglos** centuries   [2] **cobre** copper   [3] **Nueva España** Mexico   [4] **hacerse** to become
[5] **ni una** not even one   [6] **petate** straw mat   [7] **se puso** put on   [8] **a través de** across

El joven estaba sorprendido. Miró a los indios que corrían cantando al este del pueblo. Continuaron sus canciones hasta que apareció el sol. En ese momento gritaron alegremente.

—¿Todas las mañanas los jóvenes tienen que despertar al sol?— preguntó el joven.

—Sí, es verdad. ¿No lo hacen ustedes en su pueblo?— preguntó el jefe.

El español quería reírse, pero no lo hizo.

—Oh no, señor. Tenemos un animalito que despierta al sol todas las mañanas. Por eso, no tenemos que levantarnos temprano.

—¿Un animalito? ¿De qué clase?— preguntaron los indios.

—Lo llamamos gallo— contestó el español.

—¿Puede usted traernos un gallo?— dijo el jefe.

De repente el joven pensó en una idea que podía servirle bien. Por eso, respondió:

—Voy a traerles un gallo si ustedes prometen[1] decirme dónde hay una gran mina de plata.

Después de mucha discusión, los indios prometieron decírselo.

Luego salió el español y en tres días volvió con un gallo grande y hermoso.

Esa noche sólo los niños pudieron dormir. Los adultos estaban tan[2] nerviosos que no cerraron los ojos. ¿Qué iba a pasar si el gallo no despertaba al sol? Pasaron las horas—las cuatro, las cinco. Unos momentos antes de las seis, el gallo se despertó y voló[3] al tejado[4] de la casita del jefe. Cantó en voz alta—una vez, dos veces. Pronto se vio[5] el primer rayo del sol en el este. En unos momentos, el gallo cantó varias

---

[1]**prometen** promise   [2]**tan** so   [3]**voló** flew   [4]**tejado** roof
[5]**se vio** was seen

veces más. Entonces apareció el sol grande y redondo.[1] ¿Qué alegría[2] había entre todos los adultos!

En los meses siguientes los indios ayudaron al español a encontrar toda la plata que él deseaba. Así él se hizo rico y pronto salió de México para España donde se casó con su novia.

Se dice que hasta hoy día los indios del pueblo al pie de la montaña en Guanajuato quieren mucho al gallo que despierta al sol.

EJERCICIOS

A. Termine las frases con las palabras apropiadas.
1. El joven buscaba
   (a) plata.
   (b) plátanos.
   (c) oro.

2. El jefe de la tribu lo invitó a
   (a) buscar las minas de plata.
   (b) cantar.
   (c) pasar la noche en su casita.

3. A las seis de la mañana muchos indios
   (a) buscaban plata.
   (b) corrían y cantaban.
   (c) hablaban español.

4. En el pueblo, el gallo
   (a) no cerró los ojos.
   (b) no pudo dormir.
   (c) cantaba todas las mañanas.

---

[1] **redondo** round   [2] **alegría** happiness

5. El español volvió con
   (a) un gallo grande y hermoso.
   (b) un león muy feo.
   (c) un grillo humilde.

6. Unos momentos antes de las seis
   (a) los indios corrieron y cantaron.
   (b) el gallo se despertó y cantó.
   (c) el jefe se acostó.

7. El gallo voló
   (a) al sol.
   (b) a la luna.
   (c) al tejado de la casita del jefe.

8. Después de cantar el gallo,
   (a) el español durmió.
   (b) los indios corrieron y cantaron.
   (c) salió el sol.

9. Los indios ayudaron al español a
   (a) cantar en voz alta.
   (b) encontrar plata.
   (c) dormir en el tejado.

10. El español
    (a) se hizo rico.
    (b) cantó varias veces.
    (c) besó al gallo.

B. Conteste con frases completas.
   1. ¿Qué es la Nueva España?
   2. ¿Qué buscaba el joven español?
   3. ¿Dónde estaba el pueblo indio?
   4. ¿Qué hizo el jefe de la tribu?
   5. ¿Qué despertó al joven?
   6. ¿Quién despertó al sol?
   7. ¿Qué tenían que hacer los indios jóvenes todas las mañanas?
   8. ¿Qué animalito cantó por la mañana?
   9. ¿Cómo cantó el gallo?
   10. ¿De dónde cantó el gallo?

C. ¿Cuál es el infinitivo de estos verbos?

1. durmió	6. puede	11. estoy
2. se despertó	7. invitó	12. acepta
3. se puso	8. comenzó	13. piensa
4. encuentra	9. se acostó	14. quieren
5. quería	10. hacen	15. cantaron

D. En cada línea hay una palabra que no tiene ninguna relación con las otras. ¿Cuál es?

1. siglo, semana, año, día, donde
2. mina, cobre, otro, plata, oro
3. blusa, bota, sombrero, bueno, zapato
4. ocho, ojo, pie, cabeza, mano
5. ventana, tejado, poner, puerta, casa
6. alegre, feliz, simpático, cerca, contento

12

El barbero¹ y el virrey²

Cuando los españoles conquistaron México, llevaron allí también su sistema de gobierno. Al territorio conquistado, lo llamaron «Nueva España.» La máxima autoridad era el virrey.

Cada virrey trataba de rodearse³ de las mismas comodidades que estaba acostumbrado⁴ a tener en España. Una de esas comodidades era tener un barbero personal para que cuidara de su barba⁵ y cabello cada día.

El barbero era un personaje muy interesante en aquella época, pues además de⁶ afeitar⁷ y cortar el pelo, servía de curandero⁸ y dentista. Además, debido a⁹ su contacto con tantas personas, sabía todas las noticias, chismes¹⁰ y escándalos del lugar, mejor que nadie (lo que con frecuencia usaba para su propio beneficio).

Ésta es la historia de un barbero poco hablador¹¹ pero muy astuto,¹² que al final consiguió lo que deseaba.

En el año 1789 llegó a la capital de México el nuevo virrey de "Nueva España," el segundo Conde de Revilla Gigedo. Tan pronto¹³ llegó, trató de organizar su día como acostumbraba a vivirlo en España.

Empezaba con la visita del barbero que llegaba al palacio para poder afeitarlo a las siete de la mañana en punto. El

---

¹**barbero** barber   ²**virrey** viceroy   ³**rodearse** surround himself
⁴**acostumbrado** used to   ⁵**barba** beard   ⁶**además de** besides   ⁷**afeitar** shave
⁸**curandero** healer   ⁹**debido a** because of   ¹⁰**chismes** gossip
¹¹**poco hablador** quiet   ¹²**astuto** clever   ¹³**Tan pronto** As soon as

barbero traía las herramientas[1] de su oficio:[2] toallas suaves y finas, cántaro[3] y vasija[4] de plata, y una bolsa de cuero que contenía la navaja[5] de afeitar. Mientras preparaba el jabón, el virrey leía las cartas y peticiones que le habían dejado la noche anterior.

El barbero se llamaba Teodoro Guerrero. Era un hombre ya mayor, de unos setenta años, y tenía un carácter amable.

Tomaba un cuidado muy especial al afeitar y peinar al virrey. Ponía la toalla más suave debajo de su barbilla.[6] Cubría la piel de su cara con abundante jabón. Después de probar la navaja contra su propia piel, el barbero cortaba con mucha delicadeza la barba del virrey. Jamás le hizo sangrar,[7] ni le causó ninguna irritación en la piel.

El virrey podía continuar leyendo su correspondencia mientras Teodoro le recogía[8] el pelo en una coleta.[9]

Cuando había terminado, Teodoro siempre exclamaba:
—¡Salud,[10] excelentísimo[11] señor!

Su excelencia siempre respondía: —¡Gracias, Teodoro!

Después, el barbero recogía todos sus instrumentos y salía tan silenciosamente como había entrado, haciendo reverencias[12] y teniendo cuidado de jamás dar la espalda[13] al virrey.

El segundo Conde de Revilla fue muy famoso durante su administración. Gobernó su territorio con mucha sabiduría. Estableció avances en la agricultura, en las ciencias y en las letras. Bajo su mando se efectuaron[14] mejoras en la infraestructura[15] de las ciudades también. Los oficiales inteligentes y honestos ganaron su apoyo,[16] mientras despedía a los corruptos y perezosos.

Por consiguiente,[17] la ciudad de México se benefició mu-

---

[1] **herramientas** tools   [2] **oficio** trade   [3] **cántaro** pitcher   [4] **vasija** basin
[5] **navaja** blade   [6] **barbilla** chin   [7] **sangrar** bleed   [8] **recogía** pulled back
[9] **coleta** ponytail   [10] **¡Salud!** To your health   [11] **excelentísimo** most excellent
[12] **reverencias** bows   [13] **dar la espalda** turning his back
[14] **se efectuaron** were carried out   [15] **infraestructura** infrastructure   [16] **apoyo** support
[17] **Por consiguiente** Thus, therefore

cho. Mejoraron calles, plazas y fuentes. Todo se cuidaba mejor y estaba más limpio y arreglado.[1] El virrey no paraba; trabajaba día y noche.

El Conde estaba tan ocupado con sus asuntos[2] que no podía perder tiempo en conversaciones inútiles, o en escuchar los chismes de los barberos. Resistió una gran tentación, ya que el barbero por lo general es el que más sabía de todo lo que pasaba en la ciudad.

Sin embargo, el barbero Teodoro parecía bien diferente, y por eso el Conde de Revilla estaba encantado con él. Jamás interrumpió la lectura[3] de sus cartas, ni pidió ningún favor, como hubieran hecho[4] otros al estar con el virrey todos los días.

"Hasta las criadas y los cocineros me están pidiendo favores continuamente. Pero este barbero no me ha pedido nada en los cuatro años que lleva afeitándome," pensaba el virrey.

Faltaban ya pocos días para que el Conde cediera[5] su puesto al nuevo virrey. El barbero Teodoro Guerrero entró como siempre en la sala, dispuesto a afeitar al virrey en silencio. Pero este día el Conde lo sorprendió.

—Teodoro, tú has sido tan fiel[6] y respetuoso conmigo. Nunca me has pedido nada. Antes de dejar mi puesto, quiero darte algo que desees. ¡Pídemelo!

—Mil gracias, su excelencia. Si fuera posible . . . quedan seis días hasta que deje su puesto. Me gustaría cada día pedirle un favor.

—Cómo no. Empieza ahora, con uno.

—Me gustaría poder charlar[7] un poco con Ud. Lo admiro y lo estimo tanto . . .

—Muy bien, pero sin excesos de admiración, ¿vale?[8]

---

[1] **arreglado** fixed up   [2] **asuntos** business   [3] **lectura** reading
[4] **hubiera hecho** would have done   [5] **cediera** would give up   [6] **fiel** faithful
[7] **charlar** to chat   [8] **¿vale?** all right?

Al día siguiente,[1] el virrey estaba de muy buen humor. Teodoro le pidió la cadena[2] de su reloj, diciendo que le hacía falta un recuerdo personal del virrey. Al tercer día, le pidió su reloj, ya que la cadena sin el reloj no valía mucho. El virrey observó en silencio cómo el valor de los regalos iba aumentando,[3] pero cada día sentía más curiosidad por saber qué pediría el barbero tan astuto.

El cuarto día, Teodoro le contó de su hijo, que quería ser abogado.[4] —Los gastos[5] son 789 pesos y 5 reales,[6] ni más, ni menos.

—¡Cómo! —exclamó el virrey.

—Ni más, ni menos —dijo Teodoro, sacando el papel con todos los detalles de los gastos.

El virrey lo leyó, fue a su escritorio, y sacó un poco más de la cantidad mencionada.

—Aquí lo tienes, y te sobran[7] tres reales para comprarte algo —le dijo el virrey.

—Dios lo bendiga[8] por su bondad, en mi nombre y en nombre de mi hijo —respondió el barbero.

Llegó el quinto día, y Teodoro lo afeitó con el cuidado de siempre. Al final, el virrey le preguntó, con cautela:[9] —¿Cuál es el favor que debo conceder a mi sirviente hoy?

Teodoro le explicó que su hija siempre había querido ser monja.[10] Pero le faltaba la dote[11] que era un requisito[12] para entrar en el convento en aquel entonces.[13] El Conde le respondió que no era poco el favor que le pedía; sin embargo, estaría seguro de que la hija podría entrar en el convento. —Pero —le dijo a Teodoro— espero que el último favor sea[14] más modesto.

El último día de su estancia,[15] el barbero encontró al

---

[1] **siguiente** following   [2] **cadena** chain   [3] **aumentando** increasing
[4] **abogado** lawyer   [5] **gastos** expenses   [6] **reales** Spanish coins of little value
[7] **te sobran** you have left over   [8] **bendiga** bless   [9] **con cautela** cautiously
[10] **monja** nun   [11] **la dote** dowry   [12] **requisito** requirement
[13] **en aquel entonces** at that time   [14] **sea** is (*subjunctive*)   [15] **estancia** stay

Conde triste y deprimido.[1] Ya que se iba, sus enemigos usaban la ocasión para atacarlo y criticarlo. Parecía que todos lo habían abandonado, ya que no iba a tener más el poder.

El barbero, que era tan astuto, comprendió de inmediato el estado de ánimo[2] del Conde. Lo empezó a afeitar con la mayor delicadeza posible. Cuando había terminado, el Conde se sentía más relajado, y le preguntó: —Bueno, Teodoro, ¿cuál es tu última petición?

Teodoro respondió: —Yo estoy viejo y viudo,[3] y no tengo muchas necesidades. Gracias a su excelencia, mis hijos van a estar muy bien ahora, aquí en México, el país de su mamá, quien murió hace muchos años. ¿Sabe que el padre de Ud. es el que me trajo[4] aquí, desde mi isla de Cuba, hace cuarenta y ocho años? ¡Cuánto lo quería! Le hacía pelucas,[5] le quité muelas,[6] le puse sanguijuelas[7] cuando estaba enfermo . . . Le cantaba canciones, como ésta de su bello país, España . . .

Y le cantó una seguidilla.[8]

Tantos recuerdos[9] y cantos habían cambiado el ánimo del Conde, que se rió con Teodoro. —¿Pero cuándo me vas a pedir tu último favor?

—Dispense,[10] su excelencia, pero al pensar en su padre me acordé tanto de La Habana, y de mi tierra natal. Me gustaría volver a la patria[11] de mis antepasados:[12] trabajar allí los pocos años que me quedan.

—Buen Teodoro, me has recordado lo más importante en estos días de desencanto:[13] mi padre, que se murió; y mi patria. Vamos. Prepara tus cosas, y despídete de tus hijos. Iremos juntos. Te dejaré en La Habana, de camino[14] a mi querido[15] España.

---

[1] **deprimido** depressed   [2] **estado de ánimo** mood   [3] **viudo** widower
[4] **trajo** brought   [5] **pelucas** wigs   [6] **muelas** teeth (molars)   [7] **sanguijuelas** leeches
[8] **seguidilla** typical Spanish song   [9] **recuerdos** memories
[10] **Dispense** Pardon (me)   [11] **patria** homeland   [12] **antepasados** ancestors
[13] **desencanto** disillusionment   [14] **de camino** on the way   [15] **querido** beloved

EJERCICIOS

A. Termine las frases con las palabras apropiadas.
1. Al territorio conquistado, los españoles llevaron
    (a) su propio sistema de gobierno.
    (b) «Nueva España».
    (c) sus barberos.

2. El barbero era un personaje importante porque
    (a) sabía cortar el cabello.
    (b) hablaba mucho.
    (c) sabía todas las noticias del lugar.

3. El barbero trataba al virrey
    (a) con mucha delicadeza.
    (b) con mucha rudeza.
    (c) muy pocas veces.

4. El barbero, Teodoro,
    (a) interrumpía mucho al Conde.
    (b) pedía muchos favores al Conde.
    (c) nunca interrumpió al Conde.

5. El Conde fue muy famoso durante su administración porque
    (a) gobernó con mucha sabiduría.
    (b) tenía oficiales corruptos.
    (c) era muy perezoso.

6. Mientras leía su correspondencia, el Conde estaba contento de
    (a) hablar con Teodoro.
    (b) no ser interrumpido por Teodoro.
    (c) escuchar los chismes de Teodoro.

7. Antes de dejar su puesto, el Conde quería
    (a) hacer algo especial por Teodoro.
    (b) castigar a Teodoro.
    (c) despedir a Teodoro.

8. Al principio Teodoro pidió
    (a) favores de mucho valor.
    (b) pequeños favores.
    (c) un solo favor muy grande.

9. Después, pidió
   (a) regalos para sus hijos.
   (b) favores para sus hijos.
   (c) un regalo para su esposa.

10. El último favor que el Conde le concedió fue
    (a) volver a España.
    (b) volver a Cuba.
    (c) quedarse en México.

B. Conteste con frases completas.
1. ¿Qué hizo cada virrey al llegar a «Nueva España»?
2. ¿Por qué era el barbero un personaje interesante?
3. ¿Quién era el barbero del segundo Conde de Revilla? ¿Cómo era el barbero?
4. ¿Cómo era el Conde? ¿Qué hizo durante su administración?
5. ¿Por qué al Conde le gustaba el barbero Teodoro?
6. ¿Por qué dejaba su puesto el Conde?
7. ¿Qué le dijo el Conde a Teodoro poco antes de dejar su puesto?
8. ¿Cómo respondió Teodoro?
9. ¿Qué regalos pidió Teodoro? ¿Qué pidió para sus hijos?
10. ¿Qué pasó el último día?

C. Busque el sinónimo.
1. cabello		a.	más grande
2. máxima		b.	en cuanto
3. tan pronto		c.	pelo
4. abundante		d.	cartas
5. correspondencia		e.	instrumentos
6. herramientas		f.	más que suficiente
7. por consiguiente		g.	mejoró
8. se benefició		h.	conversar
9. periódico		i.	por eso
10. charlar		j.	diario

D. Imagínese que usted es Teodoro. ¿Qué va a pedir al Conde? ¿Por qué? Escríbalo en un párrafo.

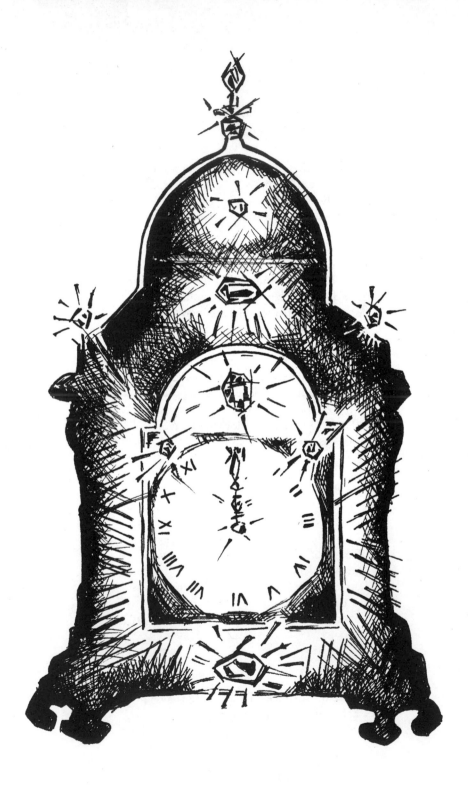

13

La Casa de los Azulejos[1]

Uno de los edificios más bellos de la Ciudad de México es la Casa de los Azulejos. No está lejos de la antigua catedral de la capital. Por muchos siglos[2] sólo gente rica y noble vivía en esta residencia. En el siglo XX, dos hermanos, los señores Sanborn, compraron la casa. Aquí establecieron[3] un restaurante que sirve comida mexicana y también comida de los Estados Unidos; hasta sirve leche malteada y hamburguesas. Ésta es la leyenda del origen de la Casa de los Azulejos.

En el siglo XVIII, el joven don Luis, segundo Conde de Orizaba, vivía con su familia rica y distinguida en la Ciudad de México. Luis no era un buen hijo. Era perezoso y egoísta. Se divertía de día y de noche y nunca pensaba en cosas serias.

Los padres de Luis estaban tristes a causa de[4] la mala conducta de su hijo. Un día el padre le dijo al perezoso Luis:

—Hijo mío, nunca vas a hacer casa de azulejos.[5]

—No me importa. Sólo quiero divertirme— respondió Luis que salió deprisa[6] para una fiesta.

Durante los días siguientes, Luis pensó mucho en las palabras de su padre y decidió cambiar su conducta.

En vez de divertirse todo el tiempo, trabajaba horas largas con entusiasmo. Al fin de pocos años tuvo una fortuna.

---

[1]**azulejos** tiles   [2]**siglos** centuries   [3]**establecieron** they established
[4]**a causa de** because of   [5]**hacer casa de azulejos** to do anything good
[6]**deprisa** hurriedly

Él compró una casa grande de dos pisos que no estaba lejos de la catedral. Él y sus trabajadores cubrieron la casa de hermosos azulejos de diseños[1] hechos[2] en blanco, amarillo y azul. Cuando este trabajo estuvo terminado, Luis fue a vivir a su elegante casa. Después pasó mucho tiempo en Europa donde compró muebles finos y costosos.

Ahora Luis estaba listo para dar una fiesta en su casa en honor de sus padres. Invitó a la gente noble y rica de la capital.

Durante la fiesta hubo canciones y bailes. Un poco antes de la medianoche, Luis observó que un reloj precioso de gran valor había desaparecido[3] de una mesa que estaba debajo de unas ventanas grandes.

Luis creyó que había un ladrón entre la gente. Sin duda, la persona escondió el reloj debajo de su ropa. Por eso, el joven fue al centro del gran salón y en voz alta anunció:

—Damas y caballeros, siento interrumpir la música, pero estoy muy triste. Un reloj precioso ya no está en la mesa debajo de las ventanas grandes.

—¡Qué extraño!— dijeron muchas personas.

—Este reloj, adornado de diamantes, es un regalo del rey de España— continuó Luis. —Ahora son las doce menos diez. Muy pronto el reloj va a tocar su música antes de dar las doce.[4] Las puertas de la casa están cerradas. Nadie puede salir. Ahora vamos a apagar[5] las luces de este salón por unos minutos. Así, en la oscuridad la persona que tiene el reloj puede ponerlo en la mesa.

Después de unos minutos los criados entraron con las luces. Todos los ojos miraron en la dirección de la mesa. ¡Ahí estaba el reloj! Sólo faltaba[6] un minuto para las doce.

La gente, impaciente, vio cómo las manecillas[7] del reloj

---

[1] **diseños** designs   [2] **hechos** made   [3] **había desaparecido** had disappeared
[4] **dar las doce** striking twelve   [5] **apagar** to turn off   [6] **faltaba** was lacking
[7] **manecillas** hands (of a clock)

llegaron a las doce y pasaron, pero el reloj no tocó su música y no dio la hora.

Luis, observando las miradas de sorpresa y curiosidad en las caras de la gente, dijo:

—La verdad, amigos míos, es que este reloj nunca toca una nota de música ni da la hora. Ahora, vamos a continuar con nuestra fiesta.

Así termina la leyenda de Luis y de la Casa de los Azulejos.

EJERCICIOS

A. Termine las frases con las palabras apropiadas.
1. La Casa de los Azulejos
   (a) es uno de los edificios más bellos de la Ciudad de México.
   (b) está lejos de la antigua catedral de la capital.
   (c) es una iglesia.

2. Luis no era
   (a) rico.
   (b) un buen hijo.
   (c) perezoso.

3. Luis cambió su conducta y
   (a) no trabajó.
   (b) se divirtió.
   (c) compró una casa grande.

4. Luis dio una fiesta en honor
   (a) de sus azulejos.
   (b) de sus padres.
   (c) de la capital de México.

5. Un reloj precioso de gran valor
   (a) había desaparecido.
   (b) dio la una.
   (c) no tenía diamantes.

6. La persona que tenía el reloj podía
   - (a) salir de la casa.
   - (b) apagar las luces.
   - (c) ponerlo en la mesa.

7. Luis interrumpió la música porque
   - (a) estaba muy triste.
   - (b) estaba muy alegre.
   - (c) estaba de mal humor.

8. Los criados entraron con las luces y todos dijeron:
   - (a) —Vamos a comer.
   - (b) —Ahí está el reloj.
   - (c) —No tiene manecillas.

9. El reloj
   - (a) tocó su música.
   - (b) dio la hora.
   - (c) no tocó su música.

10. Luis quería
    - (a) terminar la fiesta.
    - (b) apagar las luces otra vez.
    - (c) continuar con la fiesta.

B. Conteste con frases completas.
   1. ¿Quiénes compraron la Casa de Azulejos?
   2. ¿Dónde sirven leche malteada y hamburguesas?
   3. ¿Qué hacía Luis de día y de noche?
   4. ¿Por qué estaban tristes los padres de Luis?
   5. ¿Por qué decidió Luis cambiar su conducta?
   6. ¿Qué compró Luis?
   7. ¿De qué cubrió Luis la casa?
   8. ¿Qué hacían las personas durante la fiesta?
   9. ¿Qué creyó Luis cuando vio que el reloj había desaparecido?
   10. ¿Por qué apagó las luces?

C. Diga si estas palabras se refieren a una cosa, un estado, un ave o una persona.

1. lechuza
2. nubes
3. Jalisco
4. Cortés
5. reloj
6. patrona
7. águila
8. sarape
9. obispo
10. Puebla
11. Cuauhtémoc
12. Veracruz
13. criada
14. banco
15. azulejo

D. ¿Cuál es el infinitivo y el presente indicativo de cada verbo?

1. cubrieron
2. ibas
3. escondió
4. se divirtió
5. pensó
6. sirvió
7. tenía
8. se llamó
9. salió
10. decidió
11. invitó
12. me senté
13. dijeron
14. vieron
15. terminó

E. Cosas que puede hacer. Resuelva estas adivinanzas.

Nombre cinco días de la semana que no sean: domingo, lunes, martes, miércoles, jueves, viernes o sábado.

Aunque tengo patas
Yo no me puedo mover.
Llevo encima la comida
Y no la puedo comer.

Soy redondo; no hablo, pero sé contar.

hoy, mañana, ayer, pasado mañana, anteayer   la mesa   el reloj

El misterio de la calle de Olmedo

La catedral de la Ciudad de México es un edificio hermoso. Se dice[1] que fue construida[2] en el sitio donde antes se encontraba un templo azteca. Es la catedral más antigua de Norte América y la más grande del continente americano. El cura[3] de la siguiente leyenda celebró la misa en esta catedral. Esta leyenda es de la última parte del siglo XVIII. El título le dice qué clase de árboles (olmos)[4] hay en la calle.

E ra una noche fría y oscura en la capital de México. Llovía mucho y hacía viento. Parecía que toda la gente dormía porque no había ruido en las casas ni en las calles.

La campana[5] grande y melodiosa de la catedral dio[6] las ocho. En ese momento un cura salió de la catedral y caminó rápidamente en dirección a su monasterio. Iba rezando[7] el rosario en voz baja.

Al doblar[8] la esquina, el cura oyó la voz de un hombre que estaba al otro lado de la calle.

—Espere un momento, padre, por favor. Quiero hablar con usted— dijo el hombre.

—Muy bien, señor. ¿Qué desea usted?— respondió el sacerdote.

El hombre corrió al lado del cura y le dijo:

---

[1]**Se dice** It is said   [2]**fue construida** was built   [3]**cura** priest   [4]**olmos** elms
[5]**campana** bell   [6]**dio** struck   [7]**rezando** praying   [8]**doblar** turning

—Mi hermana, que vive aquí en la calle de Olmedo, está muy enferma. Está por morir y desea hablar con un sacerdote. Por favor, venga a oír su confesión.

Por un momento el cura no respondió. Estaba cansado y tenía frío. Prefería ir al monasterio donde vivía.

—Venga pronto— imploró el hombre.

—Muy bien, vamos— respondió el cura.

Los dos caminaron de prisa hacia una casa vieja. El hombre abrió la puerta y los dos entraron en un cuarto húmedo y frío. En una cama el cura vio a la hermana que era joven y hermosa. Su ropa era elegante, pero el buen padre tembló[1] cuando la miró porque tenía las dos manos juntas en actitud de rezar.[2]

—Gracias por venir, padre— dijo la hermana en voz débil.

—Siéntese, padre, y por favor, oiga la confesión. Tengo que salir a las nueve— dijo el hombre con impaciencia.

El cura obedeció.[3] Se inclinó[4] sobre la cama para oír la confesión de la hermana. El hombre se sentó al otro lado del cuarto a leer un libro.

Un poco antes de las nueve el hombre dijo al cura:

—Ahora usted tiene que salir. Gracias por venir. Muy buenas noches.

—Buenas noches— dijo el sacerdote asombrado.[5] Y salió rápidamente de la casa.

Entonces la campana de la catedral dio la hora. Eran las nueve. En ese momento el cura oyó un grito terrible. El ruido vino de la casa donde había estado él.

El sacerdote corrió a la casa y llamó a la puerta. Nadie respondió.

—Abra la puerta en nombre de Dios— gritó el cura, asustado.

Hubo silencio.

---

[1] **tembló** trembled   [2] **rezar** praying   [3] **obedeció** obeyed
[4] **Se inclinó** He leaned down   [5] **asombrado** surprised

Por media hora el cura esperó delante de la casa. Entonces, triste y confuso, salió para el monasterio. Pero, ¿dónde estaba su rosario? No lo tenía. Entonces recordó. Estaba sobre la cama de la señorita enferma.

Toda la noche el cura estuvo nervioso y no pudo dormir. Al día siguiente se levantó temprano y fue a la calle de Olmedo. En la esquina vio a un policía y le dijo:

—Por favor, señor policía, venga conmigo para recoger[1] mi rosario. Está cerca, en una casa.

—Con mucho gusto, padre— dijo el buen policía.

Los dos caminaron a la casa y el policía llamó a la puerta. Nadie la abrió.

—¡Abran la puerta en nombre del rey![2]— gritó el policía en voz alta.

Al oír la voz del policía, los vecinos salieron de sus casas. Quisieron saber lo que pasaba.

—Nadie vive en esa casa— dijo un hombre.

—Es verdad— dijeron los otros vecinos.

—Hace más de medio siglo que sus puertas no se abren.

—Pero mi rosario está en la cama de esta casa— dijo el cura.

—¡Imposible!— gritaron los vecinos.

—Vamos a ver— respondió el policía que difícilmente abrió la puerta con su espada.[3]

Entonces todos entraron en la casa. El hombre no estaba. Pero en la cama había un esqueleto con las manos juntas en actitud de rezar, y a su lado, todos vieron el rosario del cura.

---

[1]**recoger** to pick up   [2]**rey** king   [3]**espada** sword

EJERCICIOS

A. Termine las frases con las palabras apropiadas.

1. La catedral de la Ciudad de México es
   - (a) un edificio hermoso.
   - (b) un templo azteca.
   - (c) la más nueva de Norteamérica.

2. Era una noche fría y oscura y
   - (a) estaba nevando.
   - (b) hacía sol.
   - (c) hacía viento.

3. La campana grande y melodiosa de la catedral
   - (a) se cayó al suelo.
   - (b) dejó de sonar.
   - (c) dio las ocho.

4. El señor dijo que
   - (a) su hija estaba enferma.
   - (b) su hermana estaba enferma.
   - (c) su madre estaba enferma.

5. El hombre abrió la puerta y los dos
   - (a) cenaron.
   - (b) se sentaron.
   - (c) entraron en un cuarto húmedo y frío.

6. El cura oyó
   - (a) la voz de un ángel.
   - (b) la confesión de la hermana.
   - (c) un pájaro que canta.

7. El cura salió
   - (a) de la casa.
   - (b) de la catedral.
   - (c) de la tienda.

8. El rosario estaba
   - (a) en la catedral.
   - (b) en la calle.
   - (c) sobre la cama de la señorita.

9. El policía llamó a la puerta y
   (a) nadie abrió.
   (b) salió un señor muy viejo.
   (c) el reloj dio las nueve.

10. En la cama
    (a) había dos perros.
    (b) había un esqueleto con las manos una sobre la otra.
    (c) había una espada.

B. Conteste con frases completas.

1. ¿Por qué no había ruido en las casas ni en las calles?
2. En ese momento, ¿quién salió de la catedral?
3. ¿Quién habló con el cura?
4. ¿Quién estaba enferma?
5. ¿A qué hora tenía que salir el hombre?
6. ¿A qué hora salió el cura?
7. ¿Dónde estaba el rosario?
8. ¿Quién abrió la puerta de la casa?
9. Según los vecinos, ¿quién vivía en la casa?
10. ¿Qué había en la cama?

C. Según la leyenda, ¿qué palabras del segundo grupo tienen relación con las del primer grupo?

1. calle	a. rosario
2. cama	b. melodiosa
3. hermana	c. juntas
4. campana	d. baja
5. policía	e. esquina
6. manos	f. terrible
7. noche	g. oscura
8. grito	h. espada
9. voz	i. enferma
10. árbol	j. olmo

D. Cambie el infinitivo a la forma correcta del presente, del imperfecto o del pretérito, según la leyenda.

1. _____ (*Llover*) mucho y _____ (*hacer*) viento.
2. _____ (*Parecer*) que toda la gente _____ (*dormir*).
3. —Yo _____ (*querer*) hablar con usted— _____ (*decir*) un hombre.
4. El cura _____ (*estar*) cansado y _____ (*tener*) frío.
5. El buen padre _____ (*temblar*) cuando _____ (*mirar*) a la hermana.
6. El cura _____ (*inclinarse*) sobre la cama.
7. _____ (*Ser*) las nueve y el cura _____ (*oír*) un grito terrible.
8. Ahora él _____ (*recordar*) que su rosario _____ (*estar*) sobre la cama.
9. La próxima mañana el cura _____ (*levantarse*) temprano.
10. —_____ (*Hacer*) más de medio siglo que sus puertas no _____ (*abrirse*)— _____ (*decir*) los vecinos.

E. Cosas que puede hacer.

Dibuje un mapa de México e indique los treinta y un estados y el Distrito Federal. Incluya las masas de agua y otros accidentes geográficos.

La hija del torrero[1]

Veracruz es el puerto más importante de la costa oriental de México. La ciudad fue fundada[2] en 1519 por Hernán Cortés quien le dio el nombre de Villa Rica de la Vera Cruz. Por lo general hace buen tiempo en Veracruz, pero en ciertas estaciones[3] hay huracanes y tempestades[4] terribles.

L a isla de Sacrificios está cerca del puerto de Veracruz. En esta pequeña isla se halla[5] un faro[6] que ha salvado la vida de muchos marineros durante los cuatro siglos de su existencia.

En la primera parte del siglo diecinueve había un torrero que se encargaba del[7] faro. Se llamaba Felipe. Era un hombre joven y valiente, muy dedicado a su trabajo. Vivía felizmente en el faro con su esposa Catalina y su hijita Teresa. Las quería muchísimo.

Una mañana, Catalina le dijo a su hija, que tenía diez años:

—Para celebrar tu día de santo,[8] Teresa, puedes acompañar a tu papacito a Veracruz. ¿Quieres ir, hijita mía?

—¡Ay, sí, mamacita, con mucho gusto!— respondió la niña.

Así Felipe y su hija salieron en un bote[9] pequeño para

---

[1] **torrero** lighthouse keeper   [2] **fue fundada** was founded   [3] **estaciones** seasons
[4] **tempestades** storms   [5] **se halla** is found   [6] **faro** lighthouse
[7] **se encargaba del** was in charge of   [8] **día de santo** birthday   [9] **bote** boat

Veracruz. Cuatro horas más tarde, cuando se preparaban para volver a la isla, una gitana[1] vieja vino al bote.

—Buenas tardes— dijo la gitana. —Con su permiso, señor, voy a decir la fortuna a su hija.

—Muy bien, si la niña quiere saberla— respondió el torrero.

—¡Oh, sí, deseo saber si algún día voy a casarme con un príncipe.

Los tres rieron.

—Dame tu manecita, niña— dijo la gitana.

Después de mirar la mano por unos minutos, la gitana dijo: —Veo solamente una estatua, nada más. Creo que es una estatua de una persona valiente, cerca de la costa.

—¿Es una estatua de un príncipe?— preguntó la niña Teresa.

—Creo que no— respondió la gitana.

—Pues, ¿qué significa una estatua?— dijo el torrero que dio unos centavos a la gitana.

—Significa buena suerte, señor, y gracias por el dinero. ¡Qué Dios los bendiga! Adiós— respondió la gitana.

Todo iba bien con el torrero y su familia hasta la siguiente semana cuando una tarde la esposa, Catalina, se puso[2] enferma.

—Voy al pueblo por medicina, pero vuelvo pronto porque vamos a tener una tempestad, según las nubes[3] negras. Tú, Teresa, sé, por favor, una enfermera buena y una torrera valiente— dijo Felipe que iba corriendo a su bote.

El viaje al pueblo era difícil para el torrero. Hacía mucho viento, estaba lloviendo[4] y las olas[5] eran inmensas.

Al llegar a la costa, tres piratas salieron detrás de unas rocas grandes, prendieron[6] a Felipe, le ataron[7] las manos y los pies y lo pusieron entre dos rocas inmensas. Estos hom-

---

[1]**gitana** gypsy   [2]**se puso** became   [3]**nubes** clouds
[4]**estaba lloviendo** it was raining   [5]**olas** waves   [6]**prendieron** they took
[7]**ataron** they tied

bres iban a robar muchos barcos que ahora no podrían llegar a la costa sin la luz del faro.

Cuando el torrero no llegó a casa, su familia se puso nerviosa.

—¡Ay, tu pobre papá y los pobres marineros que no pueden ver sin la luz del faro!— dijo Catalina. —Yo no puedo encender la luz porque estoy tan enferma.

—No se apure, mamá, voy a encender la luz— respondió la niña.

—Es imposible, Teresa. Eres tan pequeña.

La niña no oyó las palabras de su madre. Con fósforos[1] en la mano, subió la vieja escalera hasta la torre, pero no pudo alcanzar[2] la farola.[3]

Teresa llevó una silla pequeña, varias cajas de madera y libros grandes a la torre. Con estas cosas construyó[4] una escalera con la que pudo alcanzar la farola y encender la mecha.[5]

Un rayo de luz iluminó[6] el océano. Ya, aunque había una furiosa tempestad, todos los marineros en sus barcos llegaron a la costa sanos y salvos. Al ver la luz, los piratas se fueron[7] sin robar a nadie.

A la mañana siguiente, dos marineros encontraron a Felipe y le desataron[8] las cuerdas[9] de las manos y los pies. También le contaron de la luz de la farola de la noche anterior.

Después de comprar la medicina para su esposa, el torrero volvió al faro para una reunión feliz con su familia. Entre lágrimas[10] y besos, se alegraron[11] de estar reunidos otra vez.

Algún tiempo después, el pueblo entero, demostrando su gratitud a la niña torrera, erigió[12] una hermosa estatua de Teresa la Valiente en la costa de Veracruz.

---

[1]**fósforos** matches   [2]**alcanzar** reach   [3]**farola** large light or lantern
[4]**construyó** she constructed   [5]**mecha** wick   [6]**iluminó** lighted
[7]**se fueron** went away   [8]**desataron** they untied   [9]**cuerdas** cords
[10]**lágrimas** tears   [11]**se alegraron** they were happy   [12]**erigió** erected

EJERCICIOS

A. Termine las frases con las palabras apropiadas.
1. En ciertas estaciones del año en Veracruz hay
   (a) mucho ruido.
   (b) muchos leones.
   (c) huracanes y tempestades.

2. En la isla de Sacrificios hay
   (a) un faro.
   (b) hamburguesas.
   (c) muchas flores.

3. Felipe era
   (a) pirata.
   (b) joven y valiente.
   (c) un padre católico.

4. En su día de santo, Teresa fue
   (a) a Cuernavaca
   (b) a Guanajuato.
   (c) a Veracruz.

5. Felipe y su hija salieron
   (a) en un bote pequeño.
   (b) a pie.
   (c) en dos burros.

6. La gitana vio en la mano de Teresa
   (a) una estatua.
   (b) un príncipe.
   (c) la luna.

7. Felipe fue al pueblo por
   (a) zapatos nuevos.
   (b) medicina.
   (c) una leche malteada.

8. Tres piratas salieron y
   (a) prendieron a Felipe.
   (b) cantaron alegremente.
   (c) hablaron con Teresa.

9. Cuando el torrero no llegó a casa
   (a) la familia fue de viaje.
   (b) la familia comió sin él.
   (c) la familia se puso nerviosa.

10. Un rayo de luz
    (a) iluminó la cueva.
    (b) iluminó el océano.
    (c) iluminó la pirámide.

B. Conteste con frases completas.
   1. ¿Cuándo fue fundada la ciudad de Veracruz?
   2. ¿Y por quién?
   3. ¿Para qué sirve un faro?
   4. ¿Quiénes formaban la familia del torrero?
   5. ¿Con quién quería casarse Teresa?
   6. ¿Qué vio la gitana en la mano de Teresa?
   7. ¿Qué dio el torrero a la gitana?
   8. ¿Por qué era difícil el viaje?
   9. ¿Quién iba a encender la luz?
   10. ¿Qué erigió el pueblo?

C. Cambie el infinitivo a la forma correcta del presente, del imperfecto o del pretérito.
   1. Generalmente _____ (*hacer*) buen tiempo.
   2. ¿Qué _____ (*representar*) la estatua?
   3. Los tres _____ (*reír*).
   4. Hay un torrero que _____ (*encargarse*) del faro.
   5. Una tarde Catalina _____ (*ponerse*) enferma.
   6. Felipe y su hija _____ (*salir*) en un bote pequeño.
   7. Teresa _____ (*construir*) una escalera.
   8. Cuando ellos _____ (*prepararse*) para volver a la isla, una gitana _____ (*venir*) al bote.
   9. Los marineros _____ (*encontrar*) a Felipe.
   10. Ellos _____ (*alegrarse*) de estar reunidos otra vez.
   11. El pueblo _____ (*erigir*) una hermosa estatua de Teresa.

D. **Escriba la palabra correcta en el espacio: a, al, de, del, en, entre, para, por, sin.**
   1. La ciudad fue fundada _____ Cortés.
   2. Puedes acompañar _____ tu padre _____ Veracruz.
   3. El torrero dio unos centavos _____ la gitana.
   4. Los piratas pusieron a Felipe _____ dos rocas.
   5. Los marineros no podían ver la luz _____ faro.
   6. _____ ciertas estaciones hay huracanes.
   7. Voy _____ encender la luz.
   8. La isla está cerca _____ puerto _____ Veracruz.
   9. Después _____ comprar la medicina _____ su
      esposa, el torrero volvió _____ faro.

E. **Cosas que puede hacer.**
   Describa las estaciones del año de su ciudad. Compárelas con las
   estaciones del año de una ciudad en un país lejano.

16

Gato por liebre[1]

Un aspecto muy gracioso de la cultura mexicana (y de la hispana, en general) es el uso de refranes o proverbios: la sabiduría[2] del pueblo.[3] Los refranes se oyen a lo largo de muchas conversaciones sobre cualquier tema. Hay algunos que se traducen[4] literalmente, y se entienden bien en otras culturas; otros son únicos de la cultura hispana, y no se entienden tan bien en otras lenguas.

El título de esta leyenda es un proverbio favorito en todas partes del mundo hispano. A ver si Ud. puede deducir en qué situaciones se usaría, después de leer la leyenda.

Se llamaba don[5] Carlos Narciso de Bustamante. Era un ladrón que presentaba un aspecto de lo más simpático. Sabía hablar y coquetear[6] y hacerse querer por todos. Pero mientras su lengua de miel[7] ocultaba[8] cualquier sospecha, sus dedos estaban siempre bien ocupados. Ninguna persona en ningún lugar podía sentirse segura. Robaba igual a los vagos[9] en las plazas, que a los fieles[10] en las iglesias. Así, decía él, hacía pagar tanto al diablo como a Dios. Robaba igual a ricos y a pobres. Aún engañaba[11] a los amigos más íntimos. Solía[12] decir que era mejor recibir que dar.

---

[1] **liebre** hare   [2] **sabiduría** wisdom   [3] **pueblo** people
[4] **se traducen** can be translated   [5] **don** title preceding a gentleman's first name
[6] **coquetear** flirt   [7] **miel** honey   [8] **ocultaba** hid   [9] **vagos** loafers, tramps
[10] **fieles** faithful (worshippers)   [11] **engañaba** cheated   [12] **Solía** He often liked to

Hacía trampas[1] cuando jugaba a los naipes;[2] vendía "joyas" sin valor a compradores inocentes. Así podía mantener un estilo de vida muy lujoso.[3] Vivía en un apartamento de los mejores. Llevaba ropa muy elegante. Comía de lo mejor; bebía los mejores vinos.

Era tan astuto, decía, que nadie lo había engañado nunca.

Como era tan simpático y gracioso, muchas mujeres lo invitaban a sus fiestas. Cuando él llegaba, le solían decir, «Mi casa es tu casa,» y él lo tomaba literalmente. En algún momento siempre encontraba la ocasión para robar alguna que otra joya.

Pero don Carlos tenía una debilidad[4]—le encantaba comer liebre. Solía tomarlo en un cocido[5] con muchas verduras y especias. Era muy exigente[6] en cuanto a la cocción,[7] y siempre exigía que le cocinaran[8] una liebre bien jovencita y tierna. Con tantas exigencias volvía loco a los cocineros de su pueblo.

Una tarde llegó a su posada[9] favorita, bien cansado. Había trabajado mucho en las ferias[10] de aquel día, y tenía ganas de descansar[11] un rato y tomarse un buen cocido de liebre. El tabernero,[12] que era un ladrón parecido a don Carlos, lo vio entrar, lo saludó y lo instaló en su mesa favorita.

—Buenas tardes, don Carlos. ¿Qué tal la cosecha[13] de hoy?

—Bueno, algunos relojes, un par de carteras[14]—y un magnífico broche[15] de oro.

—¿Puedo ver el broche de oro? Sabes cómo me encantan las joyas.

—Primero me das un plato de ese estupendo cocido de liebre; y si está bueno, te lo enseño.

---

[1]**trampas** tricks   [2]**naipes** cards   [3]**lujoso** luxurious   [4]**debilidad** weakness
[5]**cocido** stew   [6]**exigente** demanding   [7]**cocción** way it was cooked
[8]**que le cocinaran** that they cook (for) him   [9]**posada** inn   [10]**ferias** fairs
[11]**descansar** rest   [12]**tabernero** innkeeper   [13]**cosecha** harvest   [14]**carteras** wallets
[15]**broche** pin

El tabernero empezó a pensar rápidamente. Ya no le quedaba liebre—pero tenía un gran deseo de poseer aquel broche.

—Mira, don Carlos, te voy a ser sincero —le dijo el tabernero pícaro.[1]— Sólo me queda una liebre, pero es una de las mejores que he visto en mi vida. Es de lo más tierna, suculenta y rica. Por esa liebre, tendría que pedir a cambio[2] ese broche de oro; si es de calidad suficiente.

—¡Cómo no! Mira, prepárame la liebre. Si está tan buena como dices, te doy el broche.

El tabernero entró en la cocina, y le dijo al cocinero:
—Escucha bien: mata[3] ese gato grande y gordo, y prepáralo como si fuera[4] liebre. Hazlo rápidamente, antes de que ese pícaro entre aquí a examinar la liebre tan magnífica que le prometí.[5]

Así lo hizo el cocinero.

Cuando sacaron el cocido, don Carlos lo devoró con mucho gusto y aprecio.

—¡Qué rico estaba! Tenías razón, amigo, —le dijo al tabernero.

—Entonces, ¿me das el broche que me prometiste?

—Cómo no; aquí lo tienes.

Así los dos se quedaron contentos. Don Carlos había disfrutado de[6] su cocido de gato, creyendo que era liebre. Y el tabernero había conseguido[7] el broche de oro tan deseado.

A pesar de los alardes[8] de don Carlos, el tabernero logró[9] engañarlo. Para engañar a un ladrón, hace falta otro.

Y desde entonces, cuando se engaña a una persona, se dice[10] que le están dando «Gato por liebre».

---

[1]**pícaro** sly   [2]**a cambio** in exchange   [3]**mata** kill   [4]**como si fuera** as if it were
[5]**prometí** I promised   [6]**había disfrutado de** had enjoyed
[7]**conseguido** obtained   [8]**alardes** boasts   [9]**logró** managed   [10]**se dice** it's said

EJERCICIOS

A. Termine las frases con las palabras apropiadas.

1. Los proverbios se oyen
   (a) poco.
   (b) en muchas conversaciones.
   (c) sólo en la cultura mexicana.

2. Don Carlos era
   (a) un ladrón.
   (b) un pobre.
   (c) un fiel.

3. Tenía un aspecto
   (a) desagradable.
   (b) simpático.
   (c) pobre.

4. Robaba
   (a) sólo a los amigos.
   (b) sólo a los enemigos.
   (c) a todos.

5. La debilidad de don Carlos era
   (a) robar a las mujeres.
   (b) robar a los ricos.
   (c) comer liebre.

6. El tabernero era
   (a) un ladrón también.
   (b) un hombre bueno.
   (c) un hombre simple.

7. Cuando don Carlos pidió cocido de liebre, el tabernero
   (a) le dijo que no tenía.
   (b) le dijo que sí tenía.
   (c) le dijo que sólo tenía un gato.

8. En realidad, el cocinero preparó
   (a) gato.
   (b) liebre.
   (c) pollo.

9. El tabernero
   (a) engañó a don Carlos y recibió el broche de oro.
   (b) no pudo engañar a don Carlos.
   (c) engañó a don Carlos pero no recibió el broche de oro.

10. «Gato por liebre» significa
    (a) engañar a uno con algo parecido.
    (b) que es mejor comer gato que liebre.
    (c) que es mejor no comer liebre.

B. Conteste con frases completas.
1. ¿Cuándo se oyen los proverbios?
2. ¿Quién era don Carlos Narciso de Bustamante?
3. ¿A quiénes robaba?
4. ¿Por qué las mujeres lo invitaban a sus fiestas? ¿Qué hacía allí?
5. ¿Cómo vivía don Carlos?
6. ¿Qué quería el día que entró en su posada favorita?
7. ¿Qué le gustaba al tabernero?
8. En realidad, ¿qué plato preparó el cocinero?
9. ¿Engañó el tabernero a don Carlos? ¿Qué recibió como pago por la cena?
10. ¿Qué cree Ud. que significa el proverbio «Dar gato por liebre»?

C. Escriba la palabra base.
1. sabiduría
2. conversación
3. comprador
4. lujoso
5. literalmente
6. debilidad
7. jovencita
8. cocinero
9. tabernero
10. rápidamente

D. Lea cada proverbio abajo. Piense en el proverbio correspondiente en inglés y escríbalo.

A quien madruga, Dios le ayuda.

No es oro todo lo que reluce.

Más vale pájaro en mano que ciento volando.

Donde fuego se hace, humo sale.

No dejes para mañana lo que puedas hacer hoy.

The early bird catches the worm.

All that glitters is not gold.

A bird in the hand is worth two in the bush.

Where there's smoke, there's fire.

Don't put off for tomorrow what you can do today.

17

¿Quién es sabio?

La Universidad de México es la más antigua del continente norteamericano. Fue fundada[1] en el año 1551. Actualmente[2] la universidad está a unas pocas millas al sur de la capital en la Ciudad Universitaria. Su arquitectura es una de las maravillas[3] de las Américas.

Esta leyenda trata de dos meteorólogos de la Universidad y de un burro más sabio que los dos famosos científicos.

E ra el siglo XIX. Entre los profesores de la Universidad de México había dos que eran muy sabios[4] y muy famosos. Eran los meteorólogos más distinguidos de su país. Durante el año escolar,[5] enseñaban sus clases, escribían libros y pronunciaban discursos.[6] Pero cuando venían las vacaciones, los profesores viajaron por varias partes de México para estudiar el tiempo.[7]

Pues, empezaron las vacaciones. Este año los meteorólogos iban a estudiar el tiempo en los estados al norte de la capital. Llevaron sus aparatos meteorológicos, sus cuadernos y sus libros científicos.

Después de viajar por una semana, una tarde llegaron a un pueblo donde vieron burros por todas partes—burros grandes y pequeños, viejos y jóvenes, grises y de color café.

---

[1] **Fue fundada** It was founded   [2] **Actualmente** At the present time
[3] **maravillas** wonders   [4] **sabios** wise   [5] **escolar** scholastic
[6] **pronunciaban discursos** they made speeches   [7] **tiempo** weather

—Aquí hay más burros que gente— observó uno de los profesores.

—Sí, es verdad— respondió su compañero. —Y la gente los trata con respeto. ¡Qué curioso!

De repente,[1] los profesores observaron que ya era tarde. Por eso buscaron por dónde pasar la noche.

Al otro lado del camino vieron a una viejecita que estaba parada[2] a la puerta de su casa. Los profesores decidieron pedirle permiso para pasar la noche en su patio. Al llegar a la casa, uno de los profesores dijo:

—Buenas tardes, señora. Si no es inconveniente, ¿podemos pasar la noche en su patio?

—Muy buenas tardes, señores. Pasen ustedes. Ésta es su casa. Pero deben dormir en la sala en vez del patio— dijo la vieja.

—No, gracias, señora— le respondieron. —Nosotros queremos dormir en el patio porque la noche está muy hermosa.

—Ahora hace buen tiempo, señores, pero durante la noche va a llover— explicó la vieja.

—¡A llover! No es posible— dijo uno de los profesores. —Usted está hablando con dos sabios meteorólogos. Por nuestros aparatos y observaciones sabemos que la lluvia en estos días es imposible. No hay el menor indicio.[3] La atmósfera está clara, las únicas nubes son cirros,[4] el higrómetro[5] está seco y el barómetro está alto. Así no va a llover. Somos autoridades acerca del tiempo.

La vieja no dijo nada. Miró a los hombres con una expresión de sorpresa.

—¿No entiende usted, señora?— preguntó el profesor con una sonrisa.

—Lo siento, señor, pero no entiendo ni una palabra. Lo

---

[1] **De repente** Suddenly   [2] **parada** standing   [3] **indicio** indication

[4] **cirros** cirrus—a type of cloud

[5] **higrómetro** hygrometer, instrument for measuring moisture

que entiendo es que va a llover esta noche—. Con estas palabras la vieja entró en la pequeña casa.

—La pobre señora es muy ignorante— observó uno de los profesores.

—Sí, es verdad— dijo el otro.

Ahora los sabios señores se sentaron en el patio y por dos horas escribieron en los cuadernos grandes sus observaciones científicas de ese día. Luego se acostaron en sus sarapes y pronto se durmieron. Pero durante la noche hubo una lluvia fuerte, muy fuerte. Los profesores salieron de prisa[1] del patio y se acostaron en la sala.

A la mañana siguiente la vieja entró en la sala para hablar con los profesores.

—Usted es muy inteligente, señora, y nosotros somos estúpidos— dijeron los meteorólogos. —Por favor, díganos cómo sabía que iba a llover.

—Pues, es muy sencillo,[2] señores. Mi burrito, como todos los burros de este pueblo, es muy inteligente. Cuando va a llover, él entra en el establo[3] y rebuzna[4] tres veces muy fuerte. Lo hizo ayer por la tarde.

—Compañero— dijo uno de los profesores —vámonos de aquí. En este pueblo los burros saben más que nosotros.

Cuando los sabios profesores volvieron a la Universidad, les contaron[5] a sus compañeros su aventura. Todos se rieron a carcajadas.[6]

Se dice que después de unos días, los niños que vivían o que jugaban cerca de la Universidad gritaban a sus amiguitos esta rima:

> A, E, I, O, U,
> El burro sabe
> Más que tú.

---

[1] **de prisa** quickly [2] **sencillo** simple [3] **establo** stable [4] **rebuzna** he brays
[5] **contaron** they told [6] **se rieron a carcajadas** laughed heartily

EJERCICIOS

A. Termine las frases con las palabras apropiadas.
1. La Universidad de México
   (a) no existe.
   (b) es la más antigua de Norteamérica.
   (c) no tiene estudiantes.

2. Durante las vacaciones los profesores
   (a) enseñaron sus clases.
   (b) escribieron libros.
   (c) viajaron por varias partes de México.

3. En el pueblo del norte de México vieron
   (a) muchos burros.
   (b) mucha plata.
   (c) muchos estudiantes.

4. Los profesores durmieron
   (a) toda la noche.
   (b) en la sala.
   (c) en el patio.

5. La señora dijo que durante la noche
   (a) iba a hacer frío.
   (b) iba a llover.
   (c) iba a hacer calor.

6. En el cielo
   (a) no había nubes.
   (b) había muchos pájaros.
   (c) había dos lunas.

7. Los profesores creyeron que la pobre señora
   (a) era profesora.
   (b) era muy bonita.
   (c) era muy ignorante.

8. Los profesores se acostaron en
   (a) sus camas.
   (b) sus sarapes.
   (c) unas sillas.

9. Por la noche
    (a) hubo una lluvia fuerte.
    (b) hubo mucho ruido.
    (c) brilló la luna.

10. Cuando iba a llover, el burro
    (a) se acostó.
    (b) habló español.
    (c) rebuznó tres veces.

B. Conteste con frases completas.
1. ¿De qué universidad eran los profesores?
2. ¿Cuántos años tiene la Universidad?
3. ¿Adónde viajaron los dos profesores de la leyenda?
4. En este pueblo de la leyenda, ¿qué animal se ve por todas partes?
5. ¿Qué iban a estudiar los profesores?
6. ¿Dónde pasaron la noche los profesores?
7. ¿Por qué durmieron en el patio?
8. ¿Qué pasó por la noche?
9. ¿Cómo sabía la señora que iba a llover?
10. ¿Qué hacía el burro cuando iba a llover?

C. Busque en esta leyenda lo contrario de estas palabras.
1. sur
2. día
3. grandes
4. ciudad
5. muchas
6. posible
7. mal
8. estúpido
9. temprano
10. sabios

D. Escriba la palabra correcta en el espacio en blanco.

1. Entre los profesores de _____ Universidad _____
   México había _____ que eran muy _____.
2. Los _____ viajaron por varias _____ de México.
3. Una _____ llegaron a _____ pueblo.
4. Durante _____ noche había una _____ fuerte.
5. Los profesores _____ de prisa_____ patio y se
   _____ en la sala.
6. La _____ tenía_____ burro que era muy
   _____.
7. Cuando iba _____ llover, el burro entró_____ el
   _____ y rebuznó _____ veces.

E. Cosas que puede hacer.

1. Diga las letras del alfabeto español.
2. Pronuncie las vocales y diga una palabra que empieza con cada
   vocal.
3. Busque expresiones de tiempo en la leyenda y úselas en una
   frase.

El premio gordo[1]

*Guadalajara es la segunda ciudad de México en cuanto a[2] su población.
Es una ciudad que conserva lo bonito[3] del pasado con la vida moderna.
Hay muchas familias muy distinguidas que viven en Guadalajara. Para
ellas no hay ciudad más bonita. Esta leyenda se trata de una familia
modesta de Guadalajara.*

D on Andrés Ramírez y su esposa, doña Marta, vivían
en una casa modesta en la ciudad de Guadalajara,
famosa por su gran catedral y su música de mariachis.[4]

Un día, su sobrino[5] Enrique, que vivía en la Ciudad de
México, vino a visitarlos. Después de su visita y antes de
salir, el sobrino le dijo a su tío:

—Mañana cuando llegue a la capital, voy a comprarle un
billete de lotería.[6] Vamos a ver si usted tiene mejor suerte[7]
que yo.

—Muchas gracias, Enrique. Eres muy amable. ¿Cuántos
pesos recibo si gano el premio gordo?

—Muchísimos pesos, tío; $20.000 probablemente. Si us-
ted gana, voy a traerle el dinero el próximo mes cuando
vuelva a Guadalajara.

Una semana más tarde un joven vino a la casa de don

---

[1]**premio gordo** first prize   [2]**en cuanto a** as to   [3]**lo bonito** the beautiful aspects
[4]**mariachis** bands of musicians   [5]**sobrino** nephew   [6]**billete de lotería** lottery ticket
[7]**suerte** luck

Andrés con un telegrama. Era uno de los primeros telegramas que llegó a la ciudad.

Don Andrés, muy nervioso, corrió a la cocina y gritó a su esposa:

—Mira, Martita, tengo un telegrama de Enrique.

—Pues bien, léelo pronto, Andrés.

Con manos trémulas,[1] don Andrés abrió el telegrama y leyó: «Querido tío, Usted ganó el premio gordo. Los visito en tres semanas. Enrique.»

—¡Ay, Marta, somos ricos! Ahora podemos comprar un piano, alfombras[2] nuevas y . . .

—También, Andrés, vamos a comprar ropa nueva. ¡Qué buena suerte tienes! Con tu primer billete ganas una fortuna— exclamó la esposa.

—Sí, gracias a Enrique— respondió don Andrés. —Ahora voy a visitar a don Felipe, el prestamista, para pedir prestados[3] quinientos pesos, una parte del premio gordo. Le devolveré el dinero con interés cuando Enrique venga el próximo mes.

Dicho y hecho.[4]

En los días siguientes, don Andrés y doña Marta estaban muy ocupados. Primero, fueron a la mueblería. Compraron muebles nuevos para cada cuarto de su casa. Entonces visitaron al sastre[5] y a la modista.[6] Después, compraron sombreros y zapatos nuevos.

Como los dos eran generosos, dieron fiestas costosas para sus vecinos y sus amigos. Había bonitas piñatas para los niños; y para todos, jóvenes y viejos, había unas comidas sabrosas y mariachis que tocaban hora tras hora.

Al fin, los tíos recibieron una carta de Enrique. Él iba a llegar por tren en dos días.

---

[1] **trémulas** trembling   [2] **alfombras** carpets   [3] **pedir prestados** to borrow
[4] **Dicho y hecho** No sooner said than done   [5] **sastre** tailor   [6] **modista** dressmaker

Ese día los tíos se vistieron con su ropa costosa y fueron a la estación del ferrocarril.[1] Don Andrés llevó un traje negro y un sombrero de copa,[2] y parecía un embajador. Doña Marta, con su vestido de seda, parecía una señora rica y noble.

Después de abrazos y saludos cordiales de parte de los tíos y Enrique, don Andrés dijo:

—Aquí está el coche que va a llevarnos a casa. Ahora no tenemos que ir a pie.

Enrique estaba sorprendido de que sus tíos se vistieran con[3] ropa tan elegante y que tuvieran dinero para ir en coche. Pero él no dijo nada hasta que llegaron a casa y vio los muebles nuevos.

—Mis queridos tíos, observo con gusto que ustedes tienen muchas cosas nuevas. ¿Cómo es posible?— dijo el sobrino.

—¡Qué pregunta curiosa, Enrique! Aquí está tu telegrama que me dice que gané el premio gordo— dijo el tío.

Enrique tomó el telegrama y lo leyó. Entonces sacó de su bolsillo una copia del telegrama que envió[4] de la Ciudad de México. Leyó en voz alta: «Querido tío, Usted *no* ganó el premio gordo. Le visito en tres semanas.» Como ustedes ven, el telegrafista[5] hizo un error y omitió la palabra «no» en el telegrama que llegó a Guadalajara.

—¡Ay, ay! ¿Qué vamos a hacer? Le debo quinientos pesos al prestamista— don Andrés lloró.

—No tenga usted cuidado,[6] tío. En estos días gano mucho dinero en mis negocios.[7] Por eso, voy a darle el dinero para el prestamista y también un regalo de quinientos pesos para usted y mi tía Marta. Ahora vamos a celebrar y comer en el mejor restaurante de Guadalajara.

---

[1] **ferrocarril** railway   [2] **sombrero de copa** top hat
[3] **se vistieran con** dressed themselves in   [4] **envió** he sent
[5] **telegrafista** telegraph operator   [6] **No tenga ... cuidado** Don't worry
[7] **negocios** business affairs

EJERCICIOS

A. Termine las frases con las palabras apropiadas.

1. Don Andrés Ramírez y su esposa vivían
   (a) en un templo.
   (b) en el rancho grande.
   (c) en una casa modesta.

2. Su sobrino iba a comprar
   (a) una leche malteada.
   (b) un billete de lotería.
   (c) un bote.

3. Don Andrés quería
   (a) ganar el premio gordo.
   (b) un alacrán.
   (c) ir a la isla Sacrificios.

4. El telegrama dijo que don Andrés
   (a) era estúpido.
   (b) ganó el premio gordo.
   (c) no trabajó.

5. Don Andrés abrió el telegrama
   (a) con manos trémulas.
   (b) con los pies.
   (c) con la boca.

6. Don Andrés visitó al
   (a) doctor.
   (b) dentista.
   (c) prestamista.

7. Don Andrés y doña Marta tenían piñatas
   (a) para los perros.
   (b) para los piratas.
   (c) para los niños.

8. Doña Marta con su vestido de seda parecía
   (a) un gallo.
   (b) un gatito.
   (c) una señora rica.

9. Ellos fueron a la estación
   (a) en coche.
   (b) a pie.
   (c) corriendo.

10. El telegrafista
    (a) ganó el premio gordo.
    (b) fue al cine.
    (c) hizo un error.

B. Conteste con frases completas.
   1. ¿Qué quería comprar el sobrino?
   2. ¿Quién vino a la casa con un telegrama?
   3. ¿Quién leyó el telegrama?
   4. ¿A quién visitó don Andrés?
   5. ¿Qué compraron don Andrés y su esposa?
   6. ¿Por qué fueron a la estación del ferrocarril?
   7. ¿Quién parecía un embajador?
   8. ¿Cómo fueron a la casa?
   9. ¿Por qué estaba sorprendido Enrique?
   10. ¿Dónde iban a comer?

C. Escriba la palabra correcta en los espacios en blanco.

población	tíos	estación
cocina	segunda	billete
zapatos	manos	bonitas
telegrama	costosa	mejor
modesta	cuidado	niños

   1. Vivían en una casa _____ .
   2. Había piñatas _____ para los _____ .
   3. Guadalajara es la _____ ciudad de México en cuanto a su _____ .
   4. Don Andrés corrió a la _____ .
   5. Con _____ trémulas, don Andrés abrió el _____ .
   6. Los _____ se vistieron con su ropa _____ .
   7. No tenga usted _____ , tío.
   8. Vamos a ver si usted tiene _____ suerte que yo.
   9. Voy a comprarle un _____ de lotería.
   10. Después, compraron sombreros y _____ nuevos.

Vocabulario español-inglés

All words that appear in the text are included here, except for cognates, definite articles, some pronouns, cardinal numbers, and names of people, months, and days.

The following abbreviations are used:

adj., adjective	*n.*, noun
adv., adverb	*p.p.*, past participle
conj., conjunction	*pl.*, plural
dim., diminutive	*prep.*, preposition
f., feminine	*pres. p.*, present participle
irreg., irregular	*pron.*, pronoun
m., masculine	*sing.*, singular

Gender is shown for all nouns, except masculine nouns that end in -o, feminine nouns that end in -a, or nouns referring to male or female beings. Irregular verbs are marked with (*irreg.*). Stem-changing verbs have the change indicated in parentheses: **cerrar (ie), contar (ue), pedir (i).** Verbs like **conocer** have **(-zco)** in parentheses. Verbs like **construir** have **(-uyo)** in parentheses. Verbs ending in -eer are conjugated like **creer.**

A

a to, at, in, on, by
abajo down, low, bottom
abandonar to leave, abandon
abogado lawyer
abrazado (*p.p.*) in embrace
abrazar (c) to embrace
abrazo embrace
abreviatura abbreviation
abrir to open
abuelo grandfather
abundancia abundance
Acapulco port on the West coast of Mexico

aceptar to accept
acerca de about, concerning
acercarse (qu) (a) to approach
acompañar to accompany
acordarse (ue) (de) to remind, remember
acostarse (ue) to go to bed, to lie down
acostumbrar to accustom
acostumbrado, -a (*adj.*) used to
actitud (*f.*) attitude
activo, -a (*adj.*) active
actualmente today, at the present time

a. de J. C. (antes de Jesucristo) before Christ

adelante forward; en adelante henceforth

además (*adv.*) besides; además de (*prep.*) besides

adiós goodbye

adivinanza riddle

adivinar to guess

adjetivo adjective

admiración (*f.*) admiration, wonder

admirar to admire

adoptivo, -a (*adj.*) foster; padres adoptivos foster parents

adornar to adorn

afeitar to shave

afortunadamente fortunately

agarrar to catch, pick up

agricultura agriculture

águila eagle

ahí there

ahora now

al (a + el) to the, at the

al + *inf.* upon doing something

alabar to praise

alacrán (*m.*) scorpion

alarde (*m.*) boast

alcanzar (c) to reach

alegrar to make happy

alegre (*adj.*) happy

alegremente happily

alegría happiness, joy

alfabeto alphabet

alfombra carpet, rug

algodón (*m.*) cotton

alguno (algún), -a (*adj.*) some, any

alto, -a (*adj.*) high; loud (of a voice); en voz alta out loud, in a loud voice

altura height

alumbrar to light up

allí there

amable (*adj.*) kind, friendly

amado, -a (*adj.*) loved, beloved

amar to love

amargamente bitterly

amarillo, -a (*adj.*) yellow

amigo, -a friend

amiguito, -a little friend

amo master

andar (*irreg.*) to walk

ángel (*m.*) angel

angustiado, -a (*adj.*) in anguish

animalito little animal

aniversario anniversary

ante (*prep.*) before, in the presence of

anteayer day before yesterday

antepasado ancestor

anterior (*adj.*) previous, before

antes (*adv.*) first, before, previously; antes + de (*prep.*) before; antes (de) que (*conj.*) before

antiguo, -a (*adj.*) old, ancient

anunciar to announce

año year

apagar (gu) to put out, turn off

aparato apparatus

aparecer (-zco) to appear

apoyo support

aprecio appreciation, regard

apropiado, -a (*adj.*) appropriate

apurarse to worry

aquel, aquella, aquellos, aquellas (*adj.*) that, those (over there); aquel entonces those days

aquí here

arañar to scratch

árbol (*m.*) tree

arquitectura architecture

arreglado, -a (*adj.*) fixed up

arriba above, over, up

arrojar to throw

arte (*f.*) art, skill

así thus, so

asomar to show, let show, stick out, lean out, appear

asombrar to astonish, surprise; asombrado, -a (*p.p.*) surprised

aspecto aspect

astronauta (*m.*) astronaut

astuto, -a (*adj.*) shrewd, clever

asunto affair, matter

ataque (*m.*) attack

atar to tie; atado, -a (*p.p.*) tied

atmósfera atmosphere

atormentar to torment, bother

atrás back (ward), behind

atreverse (a) to dare
aumentar to increase
aunque although
autoridad (f.) authority
avanzado, -a (adj. & p.p.) advanced
avance (adj.) advance, progress
ave (f.) bird
aventura adventure
¡ay! oh!
ayer yesterday
ayuda help
ayudar (a) to help
azahar (m.) orange or lemon blossom(s)
azteca (m. & f.) (adj.) Aztec, an Indian tribe of central Mexico
azul blue
azulejo glazed tile

B

baile (m.) dance
bajo, -a (adj.) low, short
banco bench
barba beard
barbero barber
barbilla chin
barco boat, ship
barómetro barometer
barro clay
basílica basilica, large and magnificent church
bastante enough, rather, somewhat
batalla battle
belleza beauty
bello, -a (adj.) beautiful; Bella Durmiente Sleeping Beauty
bendecir (i, j) to bless; ¡Qué Dios los bendiga! May God bless you!
bendición (f.) blessing
beneficiar to benefit
beneficio benefit
besar to kiss
beso kiss
bien (adv.) well; very (before adjectives); está bien all right

bienvenida welcome
bienvenido, -a (adj.) welcome
billete (m.) ticket
bizcocho biscuit, cookie
blanco, -a (adj.) white; en blanco blank
blusa blouse
boca mouth
boda wedding
bolsa bag, purse
bondad (f.) kindness
bonito, -a (adj.) pretty
bordado, -a (adj.) (p.p.) embroidered
bosque (m.) woods
bota boot
bote (m.) boat
brazo arm
brillante (adj.) brilliant
brillar to shine
brincar (qu) to jump, leap
brinco jump, leap
broche (m.) pin
bruja witch
bueno (buen), -a (adj.) good, fine
burlarse de to make fun of, to trick
burro donkey, burro; burrito little burro
busca search
buscar (qu) to look for; busque usted look for

C

caballero gentleman
caballo horse; a caballo on horseback
cabaña hut
cabello hair
cabeza head
cacao cocoa (plant and product)
cacto cactus
cada each
cadena chain
caer (irreg.) to fall; cayó fell
caja box; cajita small box

calor (*m.*) heat, warmth; **tener calor** to be (feel) warm; **hacer calor** to be warm, hot (weather)
calle (*f.*) street
cama bed
cambiar to change
cambio change, exchange; **en cambio** on the other hand
caminar to walk
camino road, way; **de camino** on the way
campana bell
campo field, country (opposite of city)
canción (*f.*) song
canoa canoe
cansado, -a (*adj.*) tired
cantar to sing; **cantando** (*pres. p.*) singing
cántaro pitcher
cantidad (*f.*) quantity, amount
canto singing, song
capilla chapel
capital (*f.*) capital (city)
capitán (*m.*) captain
capturar to capture; **capturado, -a** (*p.p.*) captured
cara face
carácter character, nature
carcajada hearty laughter; **reírse a carcajadas** to laugh heartily
carga freight, cargo
cargamento cargo, shipment
cariño affection
carrera race
carta letter
cartera (*f.*) wallet
casa house, home; **a casa** home; **en casa** at home
casar(se) con to marry
casi almost
casita little house
catedral (*f.*) cathedral
católico, -a (*adj.*) Catholic
causa cause; **a causa de** because of
causar to cause
cautela caution; **con cautela** cautiously
ceder to yield
celda cell

celebrar to celebrate
celos (*m. pl.*) jealousy; **tenía muchos celos** he was very jealous
celoso, -a (*adj.*) jealous
celestial (*adj.*) celestial, heavenly
centavo cent
centro center
cerca (*adv.*) near, nearby; **cerca de** (*prep.*) near
ceremonia ceremony
cerrar (ie) to close; **cerrado, -a** (*p.p.*) closed
cesto large basket
charlar to chat
chimenea chimney, hearth
china poblana girl who dances *el jarabe tapatío*; costume worn by girl
chino, -a (*adj.*) Chinese
chisme (*m.*) gossip
cielo sky, heaven
ciencia science
científico, -a (*adj.*) scientific
ciento (cien) one hundred
cierto, -a (*adj.*) certain
címbalo small bell
cine (*m.*) movies, movie house
cirros cirrus (name given to certain type of clouds)
ciudad (*f.*) city
civilización (*f.*) civilization
claro, -a (*adj.*) clear
clase (*f.*) class, classroom, kind
cobre (*m.*) copper
cocción (*f.*) cooking
cocido stew
cocina kitchen
cocinar to cook
cocinero cook
coco coconut
cocodrilo crocodile
coche (*m.*) coach, car
cola tail
coleta ponytail
colgar (ue) to hang (up)
colina hill
collar (*m.*) collar, necklace
colonia colony
colorado, -a (*adj.*) red
columna column

comandante en jefe (*m.*) commander in chief

comentar to comment

comenzar (ie) to begin

comer to eat

comerse to eat up

comercial (*adj.*) commercial

comerciante (*m.*) merchant

comerciar to trade

comercio commerce, trade

comida food, meal

como as, like

¿cómo? how?, what?

comodidad (*f.*) comfort

compañero, -a companion

comprador (*m.*) buyer

comprar to buy; compré I bought

comprender to understand

común common; nombre común common name

con with

conceder to grant

conde (*m.*) count

conducta conduct

conejo rabbit; conejito little rabbit

confesión (*f.*) confession

confundido, -a (*adj.*) confused

confuso, -a (*adj.*) confused

conmigo with me

conocer (-zco) to know (a person); conocido, -a (*p.p.* & *adj.*) well-known

conquista conquest

conquistador conqueror

conquistar to conquer

conseguir (i) to get

conservar to keep, preserve

consiguiente (*adj.*) consequent; por consiguiente thus

consistir (en) to consist (of)

construir (-uyo) to construct

contacto contact

contar (ue) to tell, count

contener to contain

contento, -a (*adj.*) content(ed), happy

contestar to answer

continente (*m.*) continent

continuar (-úo) to continue

contra against

contrario contrary, opposite; al contrario on the contrary

convencido, -a (*adj.*) convinced

convento convent

cooperar to cooperate

copiar to copy

coquetear to flirt

corazón (*m.*) heart

correcto, -a (*adj.*) correct

correr to run; corriendo (*pres. p.*) running

correspondencia correspondence, mail

corresponder to correspond, belong to

corrupto (*adj.*) corrupt, dishonest

cortar to cut

Cortés, Hernán Spanish explorer who arrived in Mexico in 1519

cortesía courtesy

cosa thing

cosecha harvest; crop

costa coast

costar (ue) to cost

costoso, -a (*adj.*) costly

costumbre (*f.*) custom

coyote (*m.*) coyote, a kind of wolf

crecer (-zco) to grow

creer (*irreg.*) to believe, think; creo que no (sí) I believe not (so)

criado, -a servant

cuaderno notebook

¿cuál? which (one)?, what?

cuando when; de cuando en cuando from time to time

¿cuándo? when?

cuanto, -a (*adj.*) all, all that; en cuanto a as for, as to

¿cuánto? how much?, (*pl.*) how many?

cuarto room

Cuauhtémoc Aztec emperor

cubierto, -a (*adj.*) (*p.p.*) (of *cubrir*) covered

cubrir to cover

cucaracha cockroach

cuenta bead, bill; darse cuenta de to realize

cuento story
cuerda cord
cuero leather
cuerpo body
cueva cave
cuidado care, worry; no tenga
  usted cuidado don't worry;
  ¡cuidado! look out!
cuidar to take care
culebra snake
cultura culture
cumpleaños (m.) birthday
cura (m.) priest
curandero healer
curar to cure
curiosidad (f.) curiosity
curioso, -a (adj.) curious,
  strange

D

dado, -a (adj.) (p.p.) given
dama lady
daño hurt, damage; hacer daño a
  to hurt
dar (irreg.) to give, strike (the
  hour); darse cuenta de to realize
de of, from, with, by, about, than
  (before a numeral)
debajo (de) under, beneath
deber to owe, ought, should
debido a owing to
débil (adj.) weak
debilidad (f.) weakness
decidir to decide
decir (irreg.) to say, tell; se dice it
  is said; dile tell him; diciendo
  (pres. p.) saying
decisión (f.) decision
decorar to adorn; decorado, -a
  (p.p. & adj.) adorned
d. de J. C., después de Jesucristo
  after Christ
dedicar (qu) to dedicate; dedicado,
  -a (p.p.) dedicated
dedo finger
deducir deduce, figure out
dejar to leave, let; dejar de to
  stop

del (de + el) of the, from the
delante (de) in front of, before
delicadeza delicacy; con
  delicadeza gently
delicioso, -a (adj.) delicious
demostrar (ue) to show
dentista (m. & f.) dentist
dentro (adv.) inside, within;
  dentro de (prep.) inside of
deprimido, -a (adj.) depressed
derecha right
derecho, -a (adj.) right; a la
  derecha to (on) the right
desanimado, -a (adj.) discouraged
desaparecer (-zco) to disappear
desastre (m.) disaster
desatar to untie
descansar to rest; descansando
  (pres. p.) resting
descendiente (m. & f.) descendant
desconocido, -a (adj.) unknown
descubrir to discover
desde from, since; desde entonces
  since then
desear to desire, wish, want
desencanto disillusionment
desgraciadamente unfortunately
desmayarse to faint
despacio slow, slowly
despedirse (i) (de) to say good-bye
  (to); to dismiss
despertar(se) (ie) to wake up
después (adv.) afterwards, then,
  later; después de (prep.) after
desterrar (ie) to exile, banish
destino destination
detalle (m.) detail
detective (m. & f.) detective
detrás (adv.) behind; detrás de
  behind, in back of
devolver (ue) to return, give back
devorar to devour
día (m.) day; al día siguiente on
  the following day; de día by day;
  hoy día nowadays; el día de hoy
  nowadays; día de santo birthday;
  día de fiesta holiday
diablo devil
diamante (m.) diamond
dibujar to draw

dicho, -a *(p.p.)* said; **dicho y hecho** no sooner said than done
difícil *(adj.)* difficult
difícilmente *(adv.)* with difficulty
dificultad *(f.)* difficulty
dignidad *(f.)* dignity
dinero money
Dios God; **dios, -a** a god, goddess
dirección *(f.)* direction, address
discusión *(f.)* discussion, argument
discurso speech; **pronunciar un discurso** to make a speech
discutir to discuss
diseño design
disfrutar (de) to enjoy
dispense excuse me
dispuesto, -a *(adj.)* ready
distinguido, -a *(adj.)* distinguished
divertir(se) (ie, i) to amuse oneself
divino, -a *(adj.)* divine
doblar to turn
dolor *(m.)* pain
don title used before a man's first name
donde where; **¿dónde?** where?; **¿adónde?** where?
doña title used before a woman's first name
dorado, -a *(adj.)* golden
dormido, -a *(adj.) (p.p.)* asleep, sleeping; **durmiendo** *(pres. p.)* sleeping
dormir (ue) to sleep; **dormirse** to fall asleep; **Bella Durmiente** Sleeping Beauty
dote *(f.)* dowry
duda doubt
dulce *(adj.)* sweet
durante during
duro, -a *(adj.)* hard

E

e and (in place of **y** before a word beginning with *i* or *hi*)
echar to throw (out)
edad *(f.)* age
edificar (qu) to build; **que edifique** that he build

edificio building
efectuarse to carry out
egoísta *(adj.)* selfish
ejemplo example
ejército army
él he, him, it (object of a preposition)
elegante *(adj.)* elegant
ella she, her, it (object of a preposition)
ellos, -as they, them
embajador *(m.)* ambassador
emperador *(m.)* emperor
empezar (ie) to begin
en in, on, at
enamorado, -a (de) *(adj.)* in love (with)
enamorarse (de) to fall in love (with)
enano, -a dwarf
encaje *(m.)* lace
encantar to charm, please
encargarse (de) (gu) to take charge of
encender (ie) to light
encerrar (ie) to enclose, contain
encima on top of, above
encontrar (ue) to find, meet
enemigo, -a enemy
enfermarse to become ill
enfermedad *(f.)* illness
enfermo, -a *(adj.)* sick, ill; **el enfermo, la enferma** *(n.)* sick person
engañar to cheat
enojado, -a *(adj.)* angry
enseñar to teach
entender (ie) to understand
entero, -a *(adj.)* entire, whole
entonces then; **en aquel entonces** at that time
entrada entrance
entrar (en or **a)** to enter
entre between, among
entusiasmo enthusiasm
enviar to send; **envió** he sent
envolver (ue) to wrap (up); **envuelto, -a** *(p.p.)* wrapped (up)
época epoch, period

erigir (j) to erect
era, eran (ser) was, were
escalera staircase
escándalo scandal
escolar (*adj.*) academic
esconder to hide; escondido, -a
  (*p.p.*) hidden
escribir to write
escrito, -a (*adj.*) (*p.p.*) written
escritorio desk
escuchar to listen to
ese, esa (*adj.*) that (near you);
  esos, esas those;ése, ésa, ésos,
  ésas (*pron.*) that one, those
esforzado, -a (*adj.*) courageous
esmeralda emerald
eso that (in general); por eso
  therefore, that's why
espacio space
espada sword
espalda back; dar la espalda turn
  one's back
España Spain; Nueva España
  name given to Mexico during
  colonial period
español, -a (*adj.*) Spanish; español
  (*n.*) Spaniard
especia spice
especial (*adj.*) special
especialmente (*adv.*) especially
esperar to hope, wait (for), expect
esposa wife
esposo husband
esqueleto skeleton
esquina (street) corner
establecer to establish
establo stable
estación (*f.*) season, station
estado state; estado de ánimo
  mood; Estados Unidos (EE.UU.)
  United States (USA)
estancia stay
estar (*irreg.*) to be; estaba, estuvo
  he (she) was
estatua statue
este, esta (*adj.*) this; estos, estas
  these; éste, ésta, éstos, éstas
  (*pron.*) this one, these; the latter
este (*m.*) east
estilo style

estimado, -a (*adj.*) esteemed
estudiante (*m. & f.*) student
estudiar to study
estúpido, -a (*adj.*) stupid
Europa Europe
evidente (*adj.*) evident
examen (*m.*) examination
excelencia excellency
excelentísimo most excellent
exceso excess
exclamar to exclaim
exigencia demand
exigente (*adj.*) demanding
existencia existence
existir to exist; existió she existed
explicar (qu) to explain
explorador (*m.*) explorer
expresión (*f.*) expression
extranjero, -a (*adj.*) foreign
extraño, -a (*adj.*) strange

F

fácil (*adj.*) easy; fácilmente easily
falda skirt
falta fault, lack
faltar to be lacking
familia family
famoso, -a (*adj.*) famous
fantástico, -a (*adj.*) fantastic
faro lighthouse
farola large light or lantern
favor (*m.*) favor; haga el favor de
  please . . . ; por favor please
federal federal
felicitación (*f.*) congratulation(s)
felicitar to congratulate
feliz (*adj.*) happy
felizmente happily
feo, -a (*adj.*) ugly
feria fair
ferrocarril (*m.*) railroad
fiel (*adj.*) faithful; (*m.
  pl.*) worshippers
fiesta celebration, festival; día de
  fiesta holiday
fijarse (en) to pay attention, notice
figura figure

Filipinas Philippines, a Republic of some 7,000 islands, SE of China
filial pertaining to son or daughter
fin (*m.*) end; **al fin** finally, at last
final (*m.*) end; **al final** finally
finalmente (*adv.*) finally
fino, -a (*adj.*) fine
flor (*f.*) flower
floresta wooded place
fogón (*m.*) hearth, fireplace
fondo bottom
forma form
formar to form
fortuna fortune
fósforo match
fragante (*adj.*) fragrant
fraile (*m.*) friar, monk
frase (*f.*) sentence, phrase
fray (*m.*) friar
frecuencia frequency
frijoles (*m. pl.*) beans
frío, -a (*adj.*) cold; **tener** (*irreg.*) **frío** to be or feel cold; **hacer frío** to be cold (weather)
fruta fruit
fuego fire
fuente (*f.*) fountain
fuera outside
fuerte (*adj.*) hard, loud, strong, severe
fundar to found, establish; **fue fundado, -a** was founded
furioso, -a (*adj.*) furious, raging

gobernar (**ie**) to govern
gobierno government
golondrina swallow (bird)
golpear to strike
gordo, -a (*adj.*) fat; **premio gordo** first prize
gozar (de) (**c**) to enjoy
gracias thanks, thank you
gracioso, -a (*adj.*) gracious, charming
grande (gran) (*adj.*) large, great, big
gratitud (*f.*) gratitude
grave (*adj.*) grave, serious
grillo cricket
gritar to shout
grito shout
grupo group
Guadalajara second city of Mexico and capital of Jalisco
Guanajuato state of Mexico and its capital, originally called Guanaxuato (Hill of the Frogs) by the Tarascan Indians who first inhabited it
guapo, -a (*adj.*) handsome, pretty
guardar to guard, keep; **guardar silencio** keep silence
guerra war
guerrero warrior
gustar to like, please
gusto pleasure; **con mucho gusto** with much pleasure, gladly

G

gallo rooster
ganar to earn, win, gain; **gané** I won
gasto expense
gatito, -a kitten
gato cat
general (*adj.*) general; **por lo general** generally
generalmente generally
generoso, -a (*adj.*) generous
gente (*f.*) people
gentil (*adj.*) genteel
gitano, -a gypsy

H

haber (*irreg.*) (auxiliary verb) to have; **hay** there is, there are; **había** there was, there were
habla española Spanish-speaking
hablador, -a (*adj.*) talkative
hablar to speak
hacer (*irreg.*) to do, make; **hace** (+ expression of time) ago; **hacerse** to become; **que hagas daño** that you might hurt; **hizo** he did; **haciendo** doing
hacia (*prep.*) toward

hallar to find; **se halla** is found
hamburguesa hamburger
hasta (*prep.*) until, up to; **hasta** (*adv.*) even; **hasta que** (*conj.*) until
hay there is, there are
hecho, -a (*p.p.*) done, made
heredero, -a heir
hermano brother
hermoso, -a (*adj.*) beautiful
héroe (*m.*) hero
herramienta tool
hierba grass
higrómetro hygrometer, an instrument for measuring the degree of moisture
hija daughter; **hijita** little daughter
hijo son; **hijos** (*pl.*) sons, children
hispanoamericano, -a (*adj.*) Spanish-American
historia history
historiador (*m.*) historian
hoguera fire
hombre (*m.*) man
honrar to honor
hora hour
hoy today; **hoy día** nowadays
huella trace
huevo egg
húmedo, -a (*adj.*) damp
humilde (*adj.*) humble
humo smoke
humor (*m.*) humor; **estar de buen (mal) humor** to be in a good (bad) mood
hundir(se) to sink
huracán (*m.*) hurricane

I

idioma (*m.*) language
iglesia church
ignorante (*adj.*) ignorant, stupid
igual equal, same
iluminar to light up
ilustre (*adj.*) illustrious
imagen (*f.*) likeness, figure, image

imaginar(se) to imagine
impaciencia impatience
impaciente (*adj.*) impatient
implorar to implore
importante important
importar to matter, to be important; **no importa** it doesn't matter
imposible (*adj.*) impossible
inclinarse to stoop
inconveniente (*adj.*) inconvenient
indicar to indicate; **indique** indicate
indicativo indicative; **presente indicativo** present indicative
indicio indication, sign
indio, -a (*adj.*) (*n.*) Indian
industrioso, -a (*adj.*) industrious
infinitivo infinitive
infraestructura infrastructure
inmediatamente; de inmediato (*adv.*) immediately
inmenso, -a (*adj.*) immense
inmortal (*adj.*) immortal
insecto insect
instalar to settle, install
instante (*m.*) instant; **al instante** instantly, right away
inteligente (*adj.*) intelligent
interesante (*adj.*) interesting
interés (*m.*) interest
interrumpir to interrupt
íntimo, -a (*adj.*) intimate, closest
inútil (*adj.*) useless
invención (*f.*) invention
invitado, -a guest
invitar to invite; **invitado, -a** (*p.p.* & *adj.*) invited
ir (*irreg.*) to go; **irse** to go away; **ir a** to go to, to be going to; **vámonos** let's go (away)
irritación (*f.*) irritation
isla island
izquierdo, -a left

J

jabón (*m.*) soap
jamás (*adv.*) never, ever

jarabe tapatío national dance of Mexico
jardín (*m.*) garden
jarocho person from Veracruz
jefe (*m.*) chief, leader
joven (*adj.*) (*pl.* **jóvenes**) young; **joven** (*n.*) young person
joya jewel
jugar (ue) to play (a game)
junto, -a (*adj.*) (usually *pl.*) together; **junto a** (*prep.*) next to, near

L

la the (*f. sing.*), her, it (object of a verb)
lado side
ladrar to bark; **ladraban** were barking
ladrón (*m.*) thief
lágrima tear (crying)
lago lake
largo, -a (*adj.*) long (not large!); **a lo largo** all ... along, throughout
lástima pity; **¡qué lástima!** what a pity!
le him, you (Ud.) (direct object of a verb); **le** to him, to her, to it, to you (indirect object of a verb
leche (*f.*) milk; **leche malteada** malted milk
lecho (*m.*) bed
lechuga lettuce
lechuza owl
lectura reading
leer (*irreg.*) to read
lejano, -a (*adj.*) distant
lejos (*adv.*) far, far away; **lejos de** (*prep.*) far from
lengua language; tongue
lentamente slowly
león (*m.*) lion
letras arts
levantar to raise; **levantarse** to get up
ley (*f.*) law

leyenda legend
liebre (*f.*) hare
limpio, -a (*adj.*) clean
lindo, -a (*adj.*) pretty, beautiful
línea line
listo, -a (*adj.*) ready
llama flame
llamar to call, name; **llamarse** to be called or named
llegar (gu) to arrive; **llegar a ser** to become; **al llegar** upon (on) arriving; **llegando** (*pres. p.*) arriving
llevar to take, carry, wear; **llevarse** to carry off; **llevado, -a** (*p.p.*) taken
llorar to cry; **llorando** (*pres. p.*) crying
llover (ue) to rain; **llover a cántaros** to rain bucketsful; **lloviendo** (*pres. p.*) raining
lluvia rain
lo him, it, you (Ud.) (direct object of a verb); **lo que** what
lobo wolf
loco, -a (*adj.*) crazy, mad
lograr to succeed in, manage; get, obtain
los the (*m. pl.*), them (direct object of a verb)
lotería lottery
luego (*adv.*) then; **hasta luego** so long
lugar (*m.*) place
lujoso, -a (*adj.*) luxurious
luna moon
luz (*f.*) light

M

madera wood
madre (*f.*) mother
madrugar to wake up early
maestro, -a teacher
magia magic
mágico, -a (*adj.*) magic
magnífico, -a (*adj.*) magnificent
majestad (*f.*) majesty

mal (*adv.*) badly; **mal** (*adj.*)
(before a *m. sing.* noun) bad
malo (mal), -a (*adj.*) bad
mamá mama, mother; **mamacita**
dear mother
mandar to send, order
mando command
manecilla hand (of a clock)
manera way, manner
Manila port city and former capital
of the Philippines
mano (*f.*) hand; **manecita** little hand
manta blanket
mantener to maintain
mañana (*adv.*) tomorrow; **mañana**
(*n.*) morning
mapa (*m.*) map
mar (*m. & f.*) sea
maravilla marvel
maravilloso, -a (*adj.*) marvelous
mariachis (*m.*) bands of musicians
marinero sailor
más more, most
matar to kill
maternal pertaining to mother,
maternal
máximo, -a (*adj.*) maximum,
greatest
maya (*m.* or *f.*) Maya; **maya** (*adj.*)
Mayan, one of a tribe of Central
American and Mexican Indians
having an advanced civilization
mayor greater, greatest
medianoche (*f.*) midnight
medicina medicine
médico doctor
medio, -a (*adj.*) half
meditación (*f.*) meditation
mejor better, best
mejora improvement
mejorar to improve, get better
melodioso, -a (*adj.*) melodious
memoria memory
menor smaller, smallest; **el menor**
least
menos less, least, minus, except
mercancía (often *pl.*) merchandise
merecer (-zco) to deserve
mes (*m.*) month
mesa table

metal (*m.*) metal
meteorológico, -a meteorological
meteorólogo (*m.*) meteorologist
mexicano, -a (*adj.*) (*n.*) Mexican
mi(s) my
mí me, object of a *prep.*
miedo fear; **tener miedo (a)** to be
afraid (of); **no tengas miedo** do
not be afraid
miel (*f.*) honey
mientras (que) (*conj.*) while;
mientras tanto meanwhile
mil a thousand
milagrosamente (*adv.*)
miraculously
milla mile
milpa an area of land
mina mine (gold, silver, etc.)
minuto minute
mío, mía, míos, mías mine, of
mine
mirada glance, look
mirar to look (at)
misa mass (church)
mismo, -a (*adj.*) same, self,
very
misterio mystery
Moctezuma Aztec emperor
moderno, -a (*adj.*) modern
modesto, -a (*adj.*) modest
modista dressmaker
momento moment
monarca (*m.*) monarch, king
monasterio monastery
monja nun
mono monkey
montaña mountain
moreno, -a (*adj.*) brunette, dark-
haired or -complexioned
morir(se) (ue, u) to die; **se murió**
died
mover(se) (ue) to move
movimiento activity
muchacha girl
muchísimo, -a (*adj.*) very much;
muchísimos (*pl.*) a great many;
muchísimo (*adv.*) a great deal
mucho, -a (*adj.*) much; **muchos**
(*pl.*) many; **mucho** (*adv.*) very
much

mueble (*m.*) piece of furniture;
  muebles (*pl.*) furniture
mueblería furniture store
muela tooth (molar)
muerte (*f.*) death
muerto, -a (*adj. & p.p.*) dead
mujer (*f.*) woman
mundo world; **todo el mundo**
  everybody
música music
muy very

N

nacimiento birth
nada nothing, not at all; **nada**
  (with a negative) anything; **de
  nada** you are welcome
nadie nobody, no one
náhuatl (*n.*) Nahuatl; language of
  the Aztecs, still spoken in some
  regions in Mexico
naipe (*m.*) playing card
natalicio birthday
navaja blade
navegante (*m.*) navigator
necesario, -a (*adj.*) necessary
necesidad (*f.*) need, necessity
necesitar to need
negocio business; **negocios** (*pl.*)
  business
negro, -a (*adj.*) black
nervioso, -a (*adj.*) nervous
ni neither, nor, not even
nido nest
nieve (*f.*) snow
nilón (*m.*) nylon
ningún, ninguno, -a (*adj. & pron.*)
  no, none (not used often in plural)
niña girl, child
niño boy, child
noche (*f.*) night, evening
nombrar to name
nombre (*m.*) name; **nombre
  propio** proper name
norte (*m.*) north
norteamericano, -a North
  American

nosotros, -a we; **nosotros** us,
  ourselves (object of a *prep.*)
nota note, grade
notar to note
noticia piece of news, (*pl.*) news
novio, -a sweetheart
nube (*f.*) cloud
**nuestro, nuestra, nuestros,
  nuestras** our, of ours
nuevo, -a (*adj.*) new
Nuevo Mundo Western
  Hemisphere
nunca never

O

o or
obedecer (**-zco**) to obey
obediente (*adj.*) obedient
obispo bishop
observación (*f.*) observation
observar to observe
obstinado, -a (*adj.*) obstinate,
  stubborn
ocasión (*f.*) occasion, time
océano ocean
ocultar to hide
ocupación (*f.*) occupation
ocupado, -a (*adj.*) busy
oficio trade
ofrecer (**-zco**) to offer
oír (*irreg.*) to hear
ojo eye
ola wave (of ocean)
oler (**hue**) (**a**) to smell (of); **huele**
  he smells
olmedo, -a elm grove
olmo elm tree
omitir to omit
orar to pray
orden (*m.*) order, orderliness;
  orden (*f.*) order, command
oreja (outer) ear
organizar to organize
orgulloso, -a (*adj.*) proud
oriental eastern
oriente (*m.*) the Orient, the East
origen (*m.*) origin

oro gold
oscurecer (-zco) to grow dark;
  oscurecerse to get dark
oscuridad (f.) darkness
oscuro, -a (adj.) dark
otro, -a other, another; **otra vez**
  again

P

paciente (adj.) (n.) patient
pacto agreement
padre (m.) father, priest; **padres**
  (pl.) parents, priests
pagar (gu) to pay
país (m.) country
pájaro (song) bird
palabra word
palacio palace
pálido, -a (adj.) pale
papá (m.) papa; **papacito** dear
  papa
papel (m.) paper
para to, for, in order to, for the
  purpose of
parado, -a (adj.) (p.p.) standing
parar(se) to stop, stand
parecer (-zco) to seem; **parecerse**
  a to resemble, look like
pared (f.) wall
pariente (m. & f.) relative
parte (f.) part; **de parte** on the
  part of, on behalf of
pasado, -a (adj.) (p.p.) past, last
pasado (n.) past
pasar to pass, to go in, spend
  (time), happen, take place
pata leg, (leg of a table, chair),
  paw
patio courtyard
pato duck
patria native country
patrón, patrona patron, patroness
paz (f.) peace
pedazo piece
pedir (i) to ask for; **pedir prestado**
  to borrow
pedrada stoning

pegar (gu) to hit
peinar to comb
pelear to fight
peligro danger
pelo hair
peluca wig
pensar (ie) to think; **pensar en** to
  think about
pequeño, -a (adj.) small
perder (ie) to lose; **perdido** (p.p.)
  lost
perdonar to pardon
perezoso, -a (adj.) lazy
perfectamente (adv.) perfectly
permiso permission
permitir to permit
pero but
persona person
personaje (m.) character, person
perrito little dog
perro dog
pesado, -a (adj.) heavy
peso monetary unit of several
  Spanish-American nations
petate (m.) (Mex.) grass mat that
  serves the Indian as a bed
petición (f.) request
pícaro, -a (adj.) roguish; (n.)
  rogue, rascal
pico beak, peak; **sombrero de tres**
  picos three-cornered hat
pie (m.) foot; **a pie** on foot
piedra stone
piel (f.) skin
pillete (m.) little scamp
pintado, -a (adj.) (p.p.) painted
piñata decorated jar of sweetmeats
  hung from the ceiling and broken
  by a blindfolded person, using a
  cane or stick
pirámide (f.) pyramid
pirata (m.) pirate
piso floor, story (of a house)
planta plant
plata silver
plátano banana
playa beach
plaza square, plaza
pleno, -a (adj.) full
pluma feather

población *(f.)* population, town,
city

poblano, -a *(adj.)* Pueblan, of or
from the city of Puebla; *(n.)*
Pueblan, inhabitant of Puebla

pobre *(adj.)* poor

poco, -a *(adj.)* little (in amount);
poco a poco little by little;
pocos, -as *(pl.)* few

poder *(irreg.)* to be able, can

policía *(m. & f.)* policeman,
policewoman

pollo chicken

poner *(irreg.)* to put, place;
ponerse to put on, become

por by, for, through, along; **por
consiguiente** thus; **por encima**
above; **por eso** therefore, that's
why; **por la tarde** in (or during)
the afternoon

porcelana porcelain, chinaware

porque because

¿por qué? why?

posada inn

posesión *(f.)* possession

posible *(adj.)* possible

pozo well

preceder (a) to go before, precede

precio price

precioso, -a *(adj.)* precious

preferir (ie) to prefer

pregunta question

preguntar to ask

premio prize; **premio gordo** first
prize

prender to take, seize

preparar to prepare; **preparado, -a**
(p.p.) (adj.) prepared;
preparando *(pres. p.)* preparing

preposición *(f.)* preposition

presencia presence

presente present; **presente
indicativo** present indicative

prestamista *(m. & f.)* money lender

prestar to lend; **pedir prestado** to
borrow

primavera spring

primero (primer), -a *(adj.)* first

princesa princess

príncipe *(m.)* prince

principio beginning; **al principio**
at the beginning

prisa haste; **de prisa** quickly,
hurriedly

probablemente probably

probar (ue) to try

problema *(m.)* problem

producir (-zco) to produce

profecía prophecy

profesión *(f.)* profession

profesor, -a teacher, professor

profundamente profoundly

prometer to promise

pronto soon, right away; **tan
pronto** as soon as

pronunciar to pronounce;
pronunciar discursos to make
speeches

propio, -a *(adj.)* (one's) own

próspero, -a *(adj.)* prosperous

proverbio proverb

provincia province

próximo, -a *(adj.)* next, coming

prueba proof

Puebla capital of the state of Puebla

pueblo town, people

puerta door

puerto port

pues for, well, then; **pues bien**
very well, well then

puesto post, position

puesto, -a *(p.p.)* put

punto point; **en punto** on the dot
(with time expressions)

Q

que that, which, who, whom,
than; **lo que** what, that, which

¿qué? what?, how?, which? **¿qué
tal?** how?

quedar to be left; **quedaba,
quedaban** remained

quemar(se) to burn (up)

querer *(irreg.)* to want, like, love;
querer decir to mean; **(él, ella,
usted) quería** (he, she, you)
wished, wanted

querido, -a (*adj.*) beloved, dear
quién (*pron.*) who; **quiénes** (*pl.*)
who; **¿quién(es)?** who?, whom?
quieto, -a (*adj.*) quiet
quinientos, -as five hundred
quitar to take out, remove, extract
(of teeth)

R

ramo bouquet, bunch (of flowers)
rápidamente (*adv.*) rapidly
raptar to kidnap
rato while, moment
raya line
rayo ray, beam
razón (*f.*) reason; **tener razón** to
be right
real (*adj.*) royal; (*m.*) Spanish
coin of little value
rebuznar to bray
recibir to receive
recobrar to recover
recoger (j) to pick up; to pull back
recordar (ue) to remember
recto, -a (*adj.*) straight
recuerdo souvenir, keepsake;
memory
redondo, -a (*adj.*) round
referir (*irreg.*) to refer
refrán (*m.*) saying
refresco refreshment, a cool drink
regalo gift
región (*f.*) region
regla rule
regresar to return
reinar to reign
reino kingdom
reír (i) to laugh; **reírse de** to
laugh at; **reír a carcajadas** to
laugh heartily
relación (*f.*) relationship
reloj (*m.*) clock, watch
relucir to shine, glitter
repente, de suddenly
representar to represent
república republic
requisito requirement

residencia residence
resistir to resist
resolver (ue) to solve, resolve
respeto respect, attention
respetuoso, -a (*adj.*) respectful
responder to answer, respond
restaurante (*m.*) restaurant
retirar(se) to retire, leave; move
back
retrato picture
reunión (*f.*) reunion, meeting
reunir(se) to unite, reunite;
reunido, -a (*p.p.*) united
reverencia reverence; bow
revés (*m.*) back, reverse, backwards
rey (*m.*) king
rezar (c) to pray; **rezando** (*pres.*
p.) praying
ricamente richly
rico, -a (*adj.*) rich; delicious
rima rhyme
rincón (*m.*) corner (of a room)
río river
robar to rob, steal, kidnap
roca rock
rodearse (ue) (de) surround
oneself with
rogar (ue) to beg
rojo, -a (*adj.*) red
romper to break
ropa clothing, clothes; garment(s)
rosa rose
rosario rosary
rubí (*m.*) ruby
ruido noise
ruina ruin

S

saber (*irreg.*) to know, learn of
sabiduría wisdom
sabio, -a (*adj.*) wise
sabroso, -a (*adj.*) tasty, delicious
sacar (qu) to take out
sacerdote (*m.*) priest
saco sack, bag
sacrificio sacrifice
sala living room

salir (*irreg.*) to leave, come (go) out; **ha salido** he (she) has come out, left

salón (*m.*) living room, hall

saltar to hop; **saltando** (*pres. p.*) hopping

salud (*f.*) health; to your health

saludar to greet

saludo greeting

salvaje (*adj.*) savage, wild

salvar to save; **ha salvado** he, she has saved

salvo, -a (*adj.*) safe; **sano y salvo** safe and sound

sangrar to bleed

sanguijuela leech

sano, -a (*adj.*) sound, healthy, well; **sano y salvo** safe and sound

santo, -a (*adj.*) holy

santo (*n.*) saint

sarape (*m.*) (Mex.) blanket (with a slit for the head)

sastre (*m.*) tailor

satisfecho, -a (*p.p.*) satisfied

seco, -a (*adj.*) dry

seda silk

seguida, en at once, immediately

seguidilla type of Spanish song

seguir (i) (*irreg.*) to follow

según according to, as

segundo, -a (*adj.*) second

seguro (*adj.*) sure; safe

semana week

semejante (*adj.*) similar

sencillo, -a (*adj.*) simple

sendero path

sentado, -a (*adj.*) (*p.p.*) seated, sitting (down)

sentarse (ie) to sit down

sentir (ie, i) to feel, be sorry; **sentirse** to feel

señor (abbrev. Sr.) sir, Mr., gentleman

señora (abbrev. Sra.) madam, Mrs., lady

ser (*irreg.*) to be; **fue** it was; **sé** be

serio, -a (*adj.*) serious

servir (i) to serve

si if, whether

sí yes; **sí** (*pron.*) himself, herself, itself, yourself, yourselves, themselves (object of a preposition)

siempre always; **para siempre** forever

siglo century

significar to mean

siguiente (*adj.*) following, next; **al día siguiente** on the following day

silencio silence

silla chair

simpático, -a (*adj.*) nice, pleasant

sin without; **sin embargo** nevertheless, however

sino but (on the contrary)

sirviente (*m.*) servant

sistema (*m.*) system

sitio place

sobrar to be left over

sobre (up) on, about

sobrino nephew

sol (*m.*) sun

solamente (*adv.*) only

soldado soldier

solía (he) often liked to

solo, -a (*adj.*) alone, single

sólo (*adv.*) only

sombrero hat

sonar (ue) to sound, ring

sonido sound

sonrisa smile

sorprender to surprise

sorprendido, -a (*adj.*) (*p.p.*) surprised

sorpresa surprise

sospecha suspicion

su(s) his, her, your (de Ud. or de Uds.), their

suave (*adj.*) soft

subir (a) to go up, climb, board

subrayar to underline

suculento (*adj.*) succulent

suelo floor, earth, ground

suerte (*f.*) luck

suficientemente (*adv.*) sufficiently

sufrir to suffer

Superhombre Superman

supuesto, por of course

sur (*m.*) south
sureste (*m.*) southeast
sustantivo noun
suyo, -a, -os, -as his, hers, yours,
 theirs

T

tabernero tavern keeper
Tacuba region near Mexico City
tamaño size
Tampico port city on the Gulf of
 Mexico
también also, too
tan so, as; **tan . . . como**
 as . . . as; **tan pronto** as soon as
tanto, -a (*adj.*) as much, so much;
 tantos (*pl.*) as many, so many;
 tanto (*adv.*) as much, so much
tarde (*adv.*) late; **más tarde** later
tarde (*f.*) afternoon
tarea task
te you, to you, for you
teatro theater
tejado roof
tela cloth
telegrafista (*m.* & *f.*) telegraph
 operator
telegrama (*m.*) telegram
tema (*m.*) theme
temblar (ie) to tremble
temblor (*m.*) tremor, earthquake
tempestad (*f.*) storm
templo temple
temprano early
tener (*irreg.*) to have; **tener celos
 (de)** to be jealous (of); **tener
 ganas (de)** to feel like; **tener que**
 to have to; **tener miedo** to be
 afraid; **tener razón** to be right;
 ¿qué tiene usted? what is the
 matter with you?; **tenía** had;
 tenga have
tentación (*f.*) temptation
tercero (tercer), -a (*adj.*) third
terminar to finish; **termine** finish
territorio territory
tesoro treasure

tez (*f.*) complexion, skin
ti you (2nd person sing.) (object of
 a prep.)
tía aunt
tiempo (period of) time, weather
tierno (*adj.*) tender
tierra land
tilma blanket
tío uncle; **tíos** (*pl.*) uncles, aunt
 and uncle
típico, -a (*adj.*) typical
tipo type, kind
título title
toalla towel
tocar (qu) to touch, play (an
 instrument); **tocarle a uno** to be
 one's turn
todavía still, yet
todo (*n.*) everything, all; **todo, -a**
 (*adj.*) all, every; **todo el mundo**
 everybody; **todas las mañanas**
 every morning; **todos los días**
 every day
tomar to take
tonto, -a (*adj.*) foolish, silly
tonto fool
tortilla a thin Mexican bread made
 of corn or wheat
tortura torture
torturar to torture
torre (*f.*) tower
torrero, -a lighthouse keeper
tos (*f.*) cough
trabajador (*m.*) worker
trabajar to work
trabajo work
traducir to translate
traer (*irreg.*) to bring
traído, -a (*p.p.*) brought; **trajeron**
 they brought; **trayendo** (*pres. p.*)
 bringing
traje (*m.*) dress, suit, clothes
trampa trick
tranquilamente (*adv.*) calmly,
 peacefully
transformar (en) to change into
tras (*prep.*) after, behind
tratar to treat; **tratar de** to try;
 tratado, -a (*p.p.*) treated
través (*m.*), **a través de** across

travieso, -a *(adj.)* mischievous
trémulo, -a *(adj.)* trembling
tren *(m.)* train
tribu *(f.)* tribe
triste sad
tristemente *(adv.)* sadly
trono throne
tropa troops, soldiers
trueno thunder
tu(s) your (2nd person sing.)
tú you (2nd person sing. subject
pronoun)

U

último, -a *(adj.)* last
único, -a *(adj.)* only
universidad *(f.)* university
universitario, -a *(adj.)* university
uno (un), -a a, an, one; unos, -as
some, a few; los unos a los otros
to each other
usar to use
usted(es) (abbrev. Ud., Uds., Vd.,
Vds.) you (3rd person) (object of
a prep.)
útil *(adj.)* useful
Uxmal ancient Mayan city in
Yucatán, Mexico

V

vacaciones *(f. pl.)* vacation
vago, -a *(adj.)* lazy; vague; *(n.)*
loafer, tramp
¿vale? OK? all right?
valer *(irreg.)* to be worth; valdrá
will be worth
valiente *(adj.)* brave
valor *(m.)* value; bravery
varios, -as *(adj.)* *(pl.)* different,
several, various
varita small rod
vasija basin
vecino, -a *(n.)* neighbor
velar to watch over

vencer (z) to conquer
vender to sell
venida coming, arrival
venir *(irreg.)* to come; venga come
ventana window
ventura luck, fortune; por fortuna
by chance
ver *(irreg.)* to see; se ve is seen
Veracruz chief seaport on the Gulf
of Mexico. Cortés called it «La
Villa Rica de la Vera Cruz» (The
Rich Town of the True Cross).
verbo verb
verdad *(f.)* truth; es verdad that's
true, that's right
verde *(adj.)* green
verdura vegetable
vergüenza shame; tener vergüenza
de to be ashamed of
vestido, -a *(adj.)* dressed; vestido
de dressed in or as; vestido *(n.)*
dress
vestir (i) to dress, wear; vestirse
to dress oneself
vez *(f.)* time; en vez de instead of;
una vez once; otra vez again; de
vez en cuando from time to time;
unas (algunas) veces sometimes
viajar to travel
viaje *(m.)* trip, voyage
viajero, -a traveler
victorioso, -a *(adj.)* victorious
vida life
viejo, -a *(adj.)* old; *(n.)* old man,
old woman
viejecito, -a; viejito, -a (dim. of
viejo, -a) little old man or
woman
viento wind; hace viento it is
windy
Villa Rica de la Vera Cruz name
given by Cortés (1519) to seaport
now called Veracruz
vino wine
virgen *(f.)* virgin
virrey *(m.)* viceroy
visita visit
visitar to visit; visitando *(pres. p.)*
visiting
vista view

visto (*p. p.* **ver**) seen
viudo widower
vivir to live; **vivido, -a** (*pres. p.*)
  lived
vivo, -a (*adj.*) keen, quick, alive
vocabulario vocabulary
vocal (*f.*) vowel
volcán (*m.*) volcano
volar (**ue**) to fly
voluntario, -a volunteer
volver (**ue**) to return
voz (*f.*) voice; **a una voz** with one
  voice, unanimously; **en voz alta**
  in a loud voice, aloud; **en voz**
  baja in a low voice

Y

y and
ya already, now; **ya no** no longer
yo I
Yucatán peninsula in southeastern
  Mexico between the Gulf of
  Mexico and the Caribbean Sea

Z

zapato shoe
zorro, -a fox

NTC SPANISH CULTURAL AND LITERARY TEXTS AND MATERIAL

Contemporary Life and Culture
"En directo" desde España
Cartas de España
Voces de Puerto Rico
The Andean Region

Contemporary Culture—in English
Getting to Know Mexico
Getting to Know Spain
Spain: Its People and Culture
Welcome to Spain
Life in a Spanish Town
Life in a Mexican Town
Spanish Sign Language
Looking at Spain Series
The Spanish-speaking world

Cross-Cultural Awareness
Encuentros culturales
The Hispanic Way
The Spanish-Speaking World

Legends and History
Leyendas latinoamericanas
Leyendas de Puerto Rico
Leyendas de España
Leyendas mexicanas

Dos aventureros: De Soto y Coronado
Muchas facetas de México
Una mirada a España
Relatos latinoamericanos

Literary Adaptations
Don Quijote de la Mancha
El Cid
La Gitanilla
Tres novelas españolas
Dos novelas picarescas
Tres novelas latinoamericanas
Joyas de lectura
Cuentos de hoy
Lazarillo de Tormes
La Celestina
El Conde Lucanor
El burlador de Sevilla
Fuenteovejuna
Aventuras del ingenioso hidalgo Don Quijote de la Mancha

Civilization and Culture
Perspectivas culturales de España, 2nd edition
Perspectivas culturales de Hispanoamérica, 2nd edition
Panorama de la prensa

For further information or a current catalog, write:
National Textbook Company
a division of *NTC Publishing Group*
4255 West Touhy Avenue
Lincolnwood, Illinois 60646–1975 U.S.A.